KB057369

나는 이렇게 약90% 승소했다.

나홀로 소송, 당신도 승소 할 수 있다

저자 : 이종섭

법문북스

'나홀로 소송'자여!

지금 알고 있는 민사소송의 개념을 버려라.

전문가의 책을 읽는다면, 그 책을 먼저 덮어라.
'나홀로 소송'은 전문가들이 말하는 소송이 절대 아니다.

소송 전에 이 책을 읽으면 길이 보인다.
일반인 상대 99%, 변호사 상대 70% 이긴 경험은 중요하다.

민사소송은 법으로만 이기는 것이 결코 아니다.

필자의 승소 비결은 누구나 다 아는 사실,
가장 쉽지만 실행하지 않는 것, 명심 또 명심하여야 한다.

머 리 말

먼저 이 책은 전문적으로 법률과 이론을 다루는 법률전문서적이 아님을 미리 밝혀둔다. 이 책 내용은 90%가 법이 아닌 상식이지만, 그 상식을 허투루 생각했다가는 낭패를 보는 것이 바로 민사소송 소액재판인 것이다.

이 책은, 필자가 그동안 직업적 또는 개인적으로 소송을 수행하면서 적지 않은 승소율을 기록한 경험을 토대로 쓴 것이다. 실제의 예를 소개함으로써 소송을 하려하거나 소송을 당한 사람들이 어떻게 대처하고 문서를 어떻게 작성하는 가 등에 대하여 색다른 도움을 주고자 하는 것이다. 이는 법률 전문지식과는 상당한 거리가 있다.

다시 말해서 이 책은 필자의 오랜 기간에 걸쳐 수행하여 온 민사소송에서 대부분을 변호사 선임 없이 무려 85%이상(일반인 상대 95%, 변호사 상대 70%)을 이기거나 원하는 대로 조정, 합의를 이끌어낸 경험과 그 과정을 공개함으로써 본의든 아니든 간에 소송에 휘말릴 경우 그로 인한 피해를 최소화하고 이익을 보호하도록 소장 작성부터 증거확보, 제출, 재판진행 등 실무를 변호사나 법무사 도움 없이 수행할 수 있었던 필자의 방법을 알려주고자 하는 것이다.

다만 그것이 최선이라거나 그렇게 하지 않으면 안 된다는 뜻은 결코 아니다. 필자나 여러분 등 비법률전문가들의 지식과 능력이 아무리 뛰어나더라도 변호사 등 법률전문가를 넘어설 수는 없다.

시중에는 법률전문가(학자 또는 변호사 등)들이 일반인들을 상대로 하여 소송에 관련된 필요한 법률관련 지식 또는 소송에 관한 여러 대처방법에 대하여 제공하는 정보는 범람할 정도로 많은 것이 아실이지만, 그것이 법률이나 소송제도에 대하여 경험과 이해가 부족한 일반인들에게 실질적으로 얼마나 도움이 되는지는 알 수 없다. 자칫하다가는 재판이 모든 것을 해결한다는 **'소송만능주의'** 또는 **'변호사 선임'**이라는 함정에 빠져 패한 경우는 물론이거니와 이기고서도 시간과 노력, 재산상의 적지 않은 손해를 보고는 땅을 치고 후회하는 것이 민사소송인 것이다. 한번 지불한 변호사수임료는 여간해서 돌려주지 않으며, 승소했다고 변호사 선임비용을 모두 돌려받는 것도 아니다. 계약에 따라서는 오히려 성공보수비를 추가로 지불해야 할 경우도 있다.

이 책은 소송에 필요한 기초적 상식과 필자의 소송 경험을 소개함으로서 소송에 마주한 독자에게 겁먹거나 당황하지 않고 자신감과 현명한 대처방법으로 준비를 하는데 도움을 주고자 하였으며, 특히 변호사를 선임해야할 경우와 선임하지 않아도 되는 경우 등의 대처방법 등도 중요하게 다루었다.

다음 실제 소송에 임하는 데 있어서 기초적으로 알아야 할 법률상식과 각종 서식 작성법, 법률구조공단의 활용법, 필자만의 소송 대처, 수행방식 등 전문가들도 쉽게 가르쳐주지 않는 여러 실무에 관하여 실례를 들어 소개하여 참고할 수 있도록 하였다.

2024.

이종섭

목 차

제5부. 재판

제6부. 사례모음

제7부. 실제 문서작성의 예

제8부. 각종 서식

제9부. 문서 접수와 전자소송

부 록 : 소액사건심판 및 이행권고

제1부
이 책이 말하고자 하는 것

1. '나홀로 소송', 왜 필요한가?

옛 말씀에 송사 3년이면 집안이 망한다. 라는 격언이 있다. 따라서 분쟁이 있더라도 가급적 소송으로 다투지 않는 것이 현명할 수 있다. 하지만 날로 복잡해가는 현대사회에서는 내가 소송을 원하지 않는다고 해도 어쩔 수 없이 소송에 말려들 수밖에 없는 경우가 종종 발생하곤 한다.

이런 경우 변호사 등의 법률전문가를 찾아가는 경우도 대처할 수 있는 방법 중의 하나이겠지만, 그렇다고 해서 마음 놓고 승소를 장담할 수 있는 것도 아닐 뿐 아니라 설령 이긴다 하더라도 상당한 금액을 지출해야 하는 경우가 많고 만약 패소라도 한다면 상대방의 소송비용까지 모두 물어줘야 하므로 경제적으로 엄청난 손해가 발생하곤 한다. 이것이 바로 단독 사건 소액의 재판에서 나홀로 소송이 중요한 이유이다.

따라서 이 책을 읽는 독자들께서도 소송이란 남의 일이라고만 단정할 수 없으며, 만일에 나 자신 또는 가족이나 친지들이 본의 아니게 소송에 휘말릴 경우에 대비하여 최소한 민사소송이 무엇이며, 어떠한 성질을 가지고 있고, 어떻게 대처해야 하는 것이 옳은지를 상식적으로나마 이해하는 것은 아주 중요하다. 여기서 **전문가의 전문지식은 아무런 도움이 되지 않는다는 것이 필자의 생각이고 경험이다. 최소한 '나홀로 소송'에서는 그렇다.**

이에 필자는 법률이론을 말하고자 하는 것이 아니라, 비 법률전문가인 일반인으로서 약 10년 이상(길게는 45년 정도)에 걸쳐 많은 사건의 소송을 치러온 경험을 토대로 변호사 선임 여부 판단부터 소송을 치러야할 경우 어떻게 대처하는 것이 현명한지, 직접 수행할 경우 각종 서식을 어떻게 작성해야 하는지 등을 경험자의 입장에서 실례를 들어 소개하고자 하는 것이다.

물론 시중에는 법률전문가들의 서적 등 많은 정보가 유통되고 있어 이를 참고하고 법률전문가들과 상담하는 것도 하나의 방법이기는 하지만, 그와 못지않게 법률전문가가 아닌 자의 입장에서 보고 판단할 수 있는 내용 또한 현실적인 면에서 더욱 중요하기 이를 데 없다.

다시 한 번 강조하는바, 전문가들의 책과 이론이 일반인에게 크게 도움이 되는 것이 결코 아니다. 이 책을 읽어야 하는 사람은 법률전문가가 아니기 때문이다.

2. 필자의 재판 경험 (승소율 85%이상의 성과란?)

　필자는 법률전문가는 아니지만 직업의 특성상 분쟁이 있을 경우 대부분의 사건에서 특별한 사건을 제외하고는 변호사 없이 직접 소송을 수행하여온 사람이다. 지난 10년 이상 크고 작은 많은 사건을 치르면서 약 85% 이상의 승소율(일반인 상대 99% 이상, 변호사 상대 70% 이상)을 기록하여 왔다면 이는 결코 예삿일이라고 생각할 수 없다. 이를 좀 더 구체적으로 밝히자면 다음과 같다.

최근 8년간 필자의 소송건수				비고
심급	총 사건 수	일반인 상대 승/패	변호사 상대 승/패	
1심	11	11승 / 0패	10승 / 3패	
2심	3		3승 / 0패	

　이러한 사건들에서는 상대 당사자가 변호사를 선임하지 않은 경우도 있었으나, 쟁쟁한 변호사들을 선임한 경우도 많았다. 그럼에도 변호사 선임 없는 필자가 승소하거나 원하는 대로 합의를 이끌어 내었던 이유는 필자가 그들보다 법률지식이 많아서가 결코 아니다. 필자는 법률 전문가가 아니며, 따라서 이 책의 목적도 법률적 지식을 전파하려는 것이 아니다. 필자가 다른 사람의 경우보다 승률이 높았던 이유는 오로지 민사소송이라는 것이 무엇이며 어떠한 성격을 가지고 있으며 어떻게 대처하는 것이 현명한 것인가를 다른 사람들보다 조금 더 이해하고 있었고 그 오랜 경험에서 터득한 나름대로 나만의

대처방법이 먹혀들었기 때문이라 믿는다. 다시 말해서 **민사소송은 지식이 아니라 작전이고 기술이며 요령인 것**이라고 할 수 있는 것이다.

 법률의 전문적 지식이 필요할 경우라면, 법률구조공단의 도움을 받으면 되고 그것을 적극 활용하는 것이 법률서적을 펼쳐 공부하는 것보다 몇 곱절 효율적일 수 있고 안전하다. 재판에서는 섣불리 아는 것은 모르는 것보다 훨씬 위험한 경우가 절대적으로 많기 때문이다.

 따라서 아무리 법률적 지식이 많다 하더라도 민사소송의 성격을 제대로 이해하지 못한다면 목적하는 바를 이룰 수 없을 뿐 아니라, 민사소송은 형사소송과 달리 그 성격상 법률적으로 옳은 사람만이 이기는 게임이 결코 아니다. 나홀로 소송자는 나홀로 소송자만의 특별한 요령과 방법으로 대처하여야만 소기의 목적을 달성할 수 있는 것이다.

제2부
준비운동

1. 민사소송, 기존의 개념을 버려라.

거듭 이야기하지만, 사람들은 민사소송을 법적으로 옳은 사람이 승소한다. 라고 착각하고 있다. 하지만 이 책을 읽는 사람들은 가장 먼저 이러한 생각을 완전히 바꿔야만 한다. 이는 매우 중요한 것으로서 그 이유는 다음과 같다.

가. 민사소송은 소의 이익을 다투는 과정이지, 법률을 다투는 것이 아니다.

민사소송은 소의 이익을 다투는 과정이고 절차이다. 따라서 소송을 함으로써 얻는 이득이 없을 경우, 소송은 성립할 수 없고 각하될 수 있다.

하지만 민사소송은 법적 다툼으로 해결하기 보다는 화해(합의조정)를 최우선으로 하는 성질도 가지고 있다. 특히 재판을 이끌어가는 재판장은 언제든지 화해를 권고하거나 조정에 회부할 수 있으며 강제조정도 가능하다. 그 조정에 불복할 경우, 더 큰 손해를 보는 경우도 허다하다.

화해나 합의는 법보다 우선하며, 민사소송의 가장 좋은 결과물이고 목표이다.

나. 신청하지 않으면 다툴 것도 없다.

민사소송에 있어 법원은 법에 따라 재판을 하는 것이기는 하지만 당사자가 신청한 사실에 대해서만 재판해야 하고, 당사자가 신청하지 아니한 사항에 대하여는 판결하지 않는다(처분권주의). 라는 특별한 제도가 있다.

다. 적극적으로 다투지 않으면 인정(자백)하는 것이다.

　당사자가 출석하지 않거나 변론에서 상대방이 주장하는 사실을 명백히 다투지 아니한 때에는 그 사실을 자백한 것으로 간주될 수 있으며('변론주의'), 제아무리 옳은 주장도 명백한 증거를 제시하고 상대방의 주장이 틀렸음을 재판부에 입증하지 못한다면 사실 자체가 부정되어 판결에 영향을 미칠 수 있다.

　그러한 모든 것은 당사자 본인이 해야 하며 형사소송과 달리 억울한 점이 있어도 법원(판사)은 도와주지 않는다. 중요한 것은 법이 아니라, 적극적인 주장의 합리성과 의심의 여지없는 사실관계의 증거이다. 하지만 그보다 더 중요한 것은, 최종 심판자인 판사를 올바로 이해, 설득시키는 일이 될 것이다. 아무리 중요한 진실과 명백한 법률이 산처럼 쌓여 있어도 판사가 다르게 판단하면 소용이 없다. 이것이 바로 민사소송이라는 것이다.

라. 재판은 법보다 경험과 기술적 능력이고 요령이다.

　많은 사람들이 법적으로 내가 옳으므로 나는 재판에서 승소할 것이다. 라고 생각하는 경우가 의외로 많다. 하지만 이는 맞는 말 같기도 하지만 틀린 말이기도 하다. 민사소송은 그렇게 명확하거나 간단하게 단정 지을 만한 만만한 싸움이 아니다.

　위에서 설명한 바와 같이 아무리 법적으로 옳은 사안이라 하더라도 명확하게 주장하지 않거나 적극적으로 다투어 명백한 증거로 입증하지 못하면 옳게 인정받을 수 없고, 증인이 거짓말을 할 경우, 그 증언이 거짓임을 입증하지 못하면

의외의 결과가 나올 수도 있다.

판사는 형사재판과 달리 거짓말로 피해보는 당사자를 도와주지 않으며, 그것의 옳고 그름을 밝힐 책임은 전적으로 소송 당사자에게 있다. 적극적으로 주장하지 않으면 그 거짓말이 얼마든지 진실로 간주될 수도 있는 것이 민사소송이다. 또 당사자가 명백하게 법원을 기망하는 것이 아니라면 과장된 주장이나 거짓을 말했다 하더라도 그것이 사기죄가 성립되기는 어렵다.

이러한 사항 외에도 여러 가지로 법으로만 해결되지 않는 경우나 법률적용이 곤란한 경우 등이 있을 수 있기 때문에 사회생활에 있어 법을 준수하는 것이 마땅한 의무이기는 하지만, 동시에 이 책을 읽는 순간 모든 분쟁을 법대로만 하겠다. 라는 발상을 잊어버리는 것이 여러모로 유익할 것이다.

결국 민사소송이라는 것은 결코 법률로만 또는 법대로만 진행되는 것이 아니라는 점을 반드시 거듭하여 명심할 필요가 있을 것이다.

마. 나홀로 소송 방법 안내

나홀로 소송을 위한 전문가의 글은 많다. 가장 신뢰할만한 정보는 대법원에서 제공하는 '대한민국 법원 나홀로 소송'(https://pro-se.scourt.go.kr/wsh/wsh000/WSHMain.jsp)이라는 인터넷 사이트가 있다.

그러나 이 모든 것은 법률적으로 원칙에 관한 법률적 이론이나 원칙론적인 절차를 말하는 것일 뿐 승소를 위한 전략이라든가 요령, 원칙과 다른 불편한 현실 등에 대하여는 누구도 가르쳐주지 않는다는 것이다.

2. 민사소송의 글쓰기

소송의 기본은 글쓰기로 하는 것이다. 따라서 글쓰기는 민사소송의 기본 중의 기본이지만 일반적인 글쓰기와는 다른 점이 있다. 이 점은 소송의 승패에도 상당한 영향을 미치므로 결코 가벼이 다룰 문제가 아니다.

하지만 이 책을 읽는 독자들은 너무 걱정할 필요가 없다. 여기서 설명하는 내용을 이해하고 문서작성의 실제 예를 따라 하면 원하는 바 어느 정도 이룰 수 있으며, 법률구조공단 또한 든든한 지원자가 될 수도 있기 때문이다.

가. 소송에서의 글쓰기가 왜 중요한가?

소송은 외형상 소장을 제출하거나 소장을 받았을 때로부터 시작된다. 이때부터 글쓰기가 시작되며 소장이나 답변서뿐만 아니라 변론 또한 글로 써서 미리 제출하여야 한다. 어느 기관에 자료를 요청하거나 증인을 신청하고 신문하는 것 모두가 글로 작성되어야 한다.

또 소송은 결국 판사(재판장)가 주관하고 심판의 결론을 내리기 때문에 모든 글쓰기는 최종적으로 판사를 이해, 설득시켜 자신에게 유리한 판단을 하게끔 이끌어내는 글쓰기라야 하는 것이다. 물론 소액재판의 경우 글로 쓰지 않고 말로 직접 호소하는 경우도 드물게 있기는 하지만, 이 경우에도 미리 글을 써서 판사를 설득시키는 것보다는 훨씬 효과가 떨어질 수밖에 없다.

나. 소송에서 사용하는 용어

소송에서는 명문의 문장을 요구하는 것도 아니며, 따라서 화려하고 멋진 용어를 사용한다고 좋은 것도 아니다. 지나치게 어려운 고사성어나 불필요한 외국어 남용은 오히려 독이 될 수도 있다. 소송에서 사용하는 용어는 가장 정확하고 쉬운 단어가 좋고 추상적인 문구나 용어는 신빙성을 약화시킬 가능성이 많다.

또 철자법을 준수하는 바른 글쓰기는 오해의 소지를 없애는데 일조할 것이다. 긴 명칭 등은 간략하게 줄인 약칭을 사용하기도 한다.

> - 대한공항주식회사(이하 '대한공항'이라 약칭하겠습니다.)는 회원을 모집하였습니다.
> - 집합건물의 소유 및 관리에 관한 법률(이하 '집합건물법'이라 약칭합니다.) 제3조3항

다. 소송에서의 문장

글쓰기는 결국 판사를 설득, 이해시키는 호소이고 과정이다. 따라서 소송에서의 글쓰기는 판사가 읽기에 습관화된 형식으로 쓰는 것이 가장 좋은 방법이며, 간단, 명료, 정확해야 하고, 그러면서도 쉽게 알아볼 수 있는 쉬운 문장이어야 한다. 라는 점은 백번을 강조해도 지나치지 않을 만큼 중요하다.

'우려된다.'와 같은 문장은 간혹 쓸 수 있으나, 확실치 않은 추정 문장은 별로 도움이 되지 않는다.

불필요하게 남을 비방하는 문장이나 격분한 문장은 이득

보다 손해가 더 클 수 있다.

　하지만 회사 등 직장에서의 보고서나 기안서류 작성과는 형식이 다르다. 말하듯 설명체로 쓰는 것도 한 방법일 수 있지만, 대화체나 의문문은 거의 사용하지 않는다.

　예를 들어.... "그렇다면 어떻게 되겠습니까?"라는 문장은 불필요한 문장일 수 있다. (증인신문사항은 예외)

　내포적, 은유적 표현은 오해하거나 혼동을 유발할 소지가 있어 좋지 않고, 의미가 뚜렷한 지시적 언어가 달리 해석될 가능성이 적기 때문에 바람직하다. 횡설수설하거나 중언부언 하는 문장은 판사를 피곤하게 할 것이므로 반드시 피해야할 문장에 속한다.

　글씨는 12포인트보다 작으면 곤란하고, 행간 간격은 200포인트 이상을 권장한다. 수없이 많은 사건의 글을 읽고 이해하여 판단해야만 하는 판사의 입장에서 볼 때 글자가 너무 작거나 행간이 좁으면 이해하기에 어려움을 겪을 수 있고 짜증이 날 수도 있을 것이다.

　하고자 하는 핵심적인 내용을 빠트리면 안 되겠지만, 너무 길고 장황하게 늘어놓아 읽기에 지치도록 하는 것은 좋은 방법이 아니다.

　인용문, 삽입문구, 도표 등은 사각 표를 이용, 그 안에 넣은 것도 이해를 돕기 위해 많이 쓰는 방법 중 하나이다.

　한 문장이 지나치게 너무 길면 뜻을 이해하기 어려울 수 있다.

라. 논문과 유사한 글쓰기 형식문제

소송에서의 글쓰기는 리포트나 논문의 형식과 비슷하지만, 소장 외 준비서면에서는 통상 서론에 해당하는 부분은 생략하는 것이 보통이다.

주장하고자하는 내용을 소제목으로 묶어 결과에 도달하도록 적당한 항목으로 나누어 기술하는 것이 글쓰기의 기본이다.

용지는 반드시 A4용지를 세로의 방향으로 작성하여야 하며, 도표나 그림 들이 포함된 문서는 파일로 올려야 변형이 안 생긴다.

각주, 문장 속의 증거나 판례의 인용은 그때그때 문장 끝에 근거나 출처를 명시하여야 한다. 이 방법은 주장의 신빙성을 높이는데 상당한 기여를 한다.

> (갑제3호증의4. 지적도 참조)
> 또는
> (대법원 99다67703 및 2000다58668 판결 참조)

이러한 방법은 아래 '제4부. 소장, 답변 등 작성 요령'항목에서 다시 설명할 것이다.

3. 최소한의 기초법률상식

소송은 법률 보다 기술이라고 말했다. 하지만 그래도 최소한의 상식적인 범위 내에서 기초적이라 할 수 있는 법률지식은 알아야 편하고 도움이 된다. 이 말은 외운다는 것이 아니라 알아들을 만큼 이해하는 것이 필요하다. 라는 뜻이다.

(1) 법률 조항의 적용, 해석방법(대법원 판례)
- 하급심 판례와 다른 대법원 판례의 성격

  헌법재판소의 결정 이외의 법원 판례는 법률적 효력이 없다. 따라서 국회의 입법 절차 없이도 시대상황 등 사정변경에 따라 바뀔 수 있는 것이 판례이다. 다만 대개의 경우, 특별한 경우가 아니면 하급심에서 대법원과 다른 해석을 하기 어렵다는 현실적 판단에 따라 대법원 판례는 재판에서 증거로 인용된다.

  따라서 대법원 판례는 법원이 보장해주는 중요한 법률 해석과 법률적용의 이론적 증거가 된다. 대법원 판례를 증거로 인용하는 예는 다시 설명할 것이다.

- 하급심에서 법률 해석이 잘못된 경우나 사실관계가 제대로 확인되지 않은 경우라 할지라도 판결이 확정되면 그 사건과 관련하여서는 바꾸기 어렵다. 이것을 기판력이라고도 한다. 그것을 바꾸려면 재심이라는 절차가 있지만 결코 쉽지 않다.

- 법령의 조문을 함부로 해석하지 마라.

  법률의 최종 해석과 판단은 법원이 한다. 따라서 소송을 하는 자는 법률의 각 조항을 자의적으로 해석해서는 안 되며, 반드시 대법원의 판례검색을 생활화해야 한다. 우리가 생각하는 법률상식은 실제와 다른 경우가 헤아릴 수 없을 만큼 많다.

(2) 변론주의, 자백간주

이 용어는 민사소송을 이해하는데 아주 중요하고도 기초적인 원칙에 해당하는 것이다. 결코 외울 필요는 없지만 소송하기 전에 반드시 이해하여야만 하는 조항이다.

참고로 민사소송법 제150조(자백간주)에는 다음과 같이 규정하고 있다.

① 당사자가 변론에서 상대방이 주장하는 사실을 명백히 다투지 아니한 때에는 그 사실을 자백한 것으로 본다. 다만, 변론 전체의 취지로 보아 그 사실에 대하여 다툰 것으로 인정되는 경우에는 그러하지 아니하다.

② 상대방이 주장한 사실에 대하여 알지 못한다고 진술한 때에는 그 사실을 다툰 것으로 추정한다.

③ 당사자가 변론기일에 출석하지 아니하는 경우에는 제1항의 규정을 준용한다. 다만, 공시송달의 방법으로 기일통지서를 송달받은 당사자가 출석하지 아니한 경우에는 그러하지 아니하다.

내용이 길기는 하지만 여기서 말하는 요점은, 민사소송이란 법적으로 옳은 사람만이 승소할 수 있다. 라는 것이 아니라는 점이다. 아무리 옳은 사실도 일관성 있게 적극적으로 주장하지 않거나 잘못 주장하면 판사를 포함한 누구도 도와주지 않고 패소할 수도 있다. 라는 뜻으로 생각하면 된다. 속된 말로 자신의 밥그릇은 자신이 챙겨야 한다는 것이다.

기일에 연속하여 불참한다거나 상대 주장에 명백하고도 적극적으로 대항하지 않는다면 이 또한 상대의 주장에 묵시적으로 자백(동의)하는 것으로 볼 수 있다는 것이다.

이것이 민사소송의 특징이며 중요한 성격이다.

(3) 자유심증주의

민사소송법 제202조(자유심증주의)에서는 다음과 같이 규정하고 있다.

"법원은 변론 전체의 취지와 증거조사의 결과를 참작하여 자유로운 심증으로 사회정의와 형평의 이념에 입각하여 논리와 경험의 법칙에 따라 사실주장이 진실한지 아닌지를 판단한다."

쉽게 말하자면 **민사소송의 재판에 관한 모든 판단은 판사 마음대로 한다.** 라고 이해하면 된다. 전문가들이 말하는 원칙과는 상당한 차이가 있음을 이해해야 한다.

(4) 재소금지의 원칙

민사소송법 제267조(소취하의 효과)

① 취하된 부분에 대하여는 소가 처음부터 계속되지 아니한 것으로 본다.

② 본안에 대한 종국판결이 있은 뒤에 소를 취하한 사람
  은 같은 소를 제기하지 못한다.

제소한 소송에 대하여는 판결이 확정되기 전까지 취하할 수
있다. 그런데 본안에 대한 종국 판결 선고 후에 소를 취하(취
소)하면 다시는 누구에게도 동일한 소를 제기할 수 없다는 뜻이
다. 따라서 1심 판결 후 소를 취하해야 할 경우는 심사숙고할
필요가 있다. '항소취하'와 '소취하'는 근본적으로 다른 것이다.

(5) 중복소송금지원칙

민사소송법 제259조(중복된 소제기의 금지)

"법원에 계속되어 있는 사건에 대하여 당사자는 다시 소
를 제기하지 못한다."

이러한 중복소송 사건은 통상 채무자가 누구인지 확신이
서지 않을 때, 법률구조공단 등의 자문 없이 소송을 제기
함으로써 발생하기도 한다. 누가 채무자인지 확실치 않을
때 채무자로 추정되는 사람을 피고로 묶어 연대 또는 공동
책임을 묻거나 하면 될 사항을 따로따로 개별적으로 소송
을 제기할 때 중복소송이 될 수도 있다.

그런 경우, 한쪽의 1심 재판이 끝나지 않았다면 그것을 취
하하면 나머지 소송은 계속될 것이지만, 1심판결 후 항소심에
가 있는 사건에 대하여 항소만 취하하지 않고 소를 취하하면
나머지 소 또한 각하될 가능성이 많다. 이런 경우 재소금지의
원칙에 위배되기 때문이다. 따라서 이런 경우 먼저 법률구조
공단의 자문을 받아야만 하는 것이 중요한 이유이다.

(6) 재심제도

우리나라 소송은 3심제이기는 하지만, 판결의 결정적인 증거가 된 문서나 그 밖의 물건이 위조되거나 변조된 것인 때 또는 증인이 거짓진술을 하여 이것이 판결의 결정적인 증거가 되어 패소한 다음 시일이 지나 확정되었을 경우, 나중에 그 사실이 밝혀졌을 경우에는 법원에 다시 재판을 해 달라고 청구할 수 있다. 이때는 판결이 확정되어 있어야 하고 그 거짓이나 위조 등의 사실을 안 날로부터 30일 이내에 하여야만 된다.

이러한 사실을 발견하였을 경우는 지체없이 법률구조공단에 가서 상담하여야 할 것이다. 민사소송에서는 증인의 거짓증언으로 억울하게 패하는 경우가 의외로 많고, 나중에 그 허위라는 사실이 밝혀지는 경우도 흔하다.

(7) 변론기일

법원에 나가 재판을 받기로 되어 있는 날을 말한다.

(8) 추정기일

변론기일의 날짜를 정하지 않은 것을 말한다. 신속하게 재판을 진행하여야 할 사정이 있을 경우라면 기일지정을 신청하면 된다.

(9) 변론재개

모든 변론이 종결되고 판결 선고를 앞두고 있을 때, 새로운 결정적 증거 등이 발견되는 등하여 다시 재판을 열고자 할 때에는 변론재개를 신청할 수도 있다.

(10) 시효

모든 채권은 대부분 시효가 있다. 특히 상거래, 임금 등으로 발생한 채권은 시효가 매우 짧으므로 받을 돈이 있다면 시효를 알아볼 필요가 있다.

(11) 계약이란

계약이란 꼭 문서로 작성해야만 하는 것은 아니다. 술자리에서 한 약속도 전화메시지 등으로 주고받은 사실 등을 증거로 확인시킬 수 있다면 계약의 효력이 있다.

(12) 채권, 채무

채권이란 타인에게 무엇을 해달라거나 하지 말아달라고 요구할 권리를 말하는 것이고 채무는 그 반대라고 생각하면 된다. 꼭 금전에 관계된 것만이 아니라는 뜻이다.

(13) 형성권

권리자의 일방적인 의사표시로 법률관계의 변동(권리의 발생·변경·소멸)을 일어나게 하는 권리를 말한다. 조금 어려운 말이기는 한데, 이를테면 토지공유자에게 다른 공유자가 분할을 요구하면 해 주어야 한다는 권리이다. 이러한 형성권에는 권리자의 의사표시만으로 효과를 발생시키는 것과, 법원의 판결에 의해서 비로소 효과를 발생시키는 것이 있다(형성의 소).

(14) 권리남용

'내 것 내 마음대로.'라는 것은 통하지 않을 수 있다. 이는 재산권 등 권리를 주장함에 있어 권리를 남용해서는 안된다. 라는 것이다. 이는 공공의 목적 등을 위해서는 자신의 권리행사를 제한할 수도 있음을 뜻한다. 그 대표적인 것이 민법 제218조(수도등 시설권) 및 219조(주위토지통행권) 등이다.

그렇다고 공공의 복리 등을 위해서는 남의 재산을 아무런 대가없이 사용할 수 있는 것은 아니다. 그에 상응하는 보상을 할 의무가 따르기 때문이다. 따라서 우리는 어떤 분쟁이 있을 경우, '내 것 내 마음대로.'라는 생각 보다는 양보와 타협이라는 기본적인 개념을 가지고 대처하는 것이 현명할 것이다.

(15) 기타

이상 열거한 것 외에도 중요한 법률지식은 많다. 하지만 많이 안다고 다 소용 있는 것도 아닐뿐더러, 이 책의 목적이 법 지식을 소개하고자 하는 것이 아니므로 이상으로 줄인다. 나머지는 필요할 때마다 법률구조공단을 이용하면 될 것이다.

제3부

민사소송이란?

1. 소송의 비용과 준비

가. 변호사보수의 소송비용 산입에 관한 허점

대부분의 소송은 승소한 당사자가 패소한 당사자로부터 소송비용을 받도록 판결한다. 그 소송비용 중에 대리인을 선임하였을 경우 가장 큰 비용은 아마도 변호사 선임비용일 것이다.

'변호사보수의 소송비용 산입에 관한 규칙'에서는 소송 규모(소가)에 따라 변호사 비를 인정해주는 액수가 정해져 있다. 그런데 문제는 실제 변호사 선임비용이 그 규정에서 정한 액수보다 월등히 많은 것이 대부분이라는 것이다.

예를 들어 소가 300만원을 청구한 재판에서 200만원을 주고 변호사 선임을 하였다면, 100% 승소하였을 경우 패소한 상대로부터 받을 비용은 30만원(2022년 기준)이 되므로 170만원은 자신이 부담할 수밖에 없어 결국 130만원만 받는 꼴이 되는 것이다.

따라서 나홀로 소송이 아닌, 변호사를 선임하여 소송을 할 경우는 미리 꼼꼼히 따져봐야 할 것이 변호사 선임비용인 것이다.

나. 손자병법 : 싸우기 전에 먼저 이겨야 한다.

동양에서 가장 널리 알려진 고전으로 가장 잘 안 읽혀진 책 중의 하나가 바로 손자병법이다. 그 손자병법에는 다음과 같은 문구가 있다.

是故勝兵先勝而後求戰 (승자는 먼저 이긴 후 뒤에 싸움을 청한다.)

이는 전쟁뿐 아니라 우리가 생활해 나가는데 있어 발생하는 모든 분쟁에서도 대부분 마찬가지이다. 즉, 소송에 있어서도 소송 전에 상당기간 먼저 준비를 철저히 하고 검토를 반복하여 확인 또 확인하지 않으면 아무리 법적으로 자신이 옳다 하더라도 승소를 장담할 수 없으며, 설령 이긴다 하더라도 불필요한 비용의 지출로 패소 못지않게 손해를 볼 수 있는 것이 바로 민사소송의 특징인 것이다.

　따라서 소송을 예정, 예감하고 있는 사람이라면 그 소송에 대한 성격, 종류에 따른 진행절차, 그러한 소송을 수행함에 있어 적용되는 법령, 미리 준비해야할 사항 등을 꼼꼼히 따져 준비해야만 할 것임은 두말할 필요도 없거니와, 특히 소송에서 변호인을 선임할 것인가 아닌가와 과연 소송에 이기거나 질 경우 어떠한 이익과 손해가 있는가를 미리 정밀하게 따져보는 것은 매우 중요한 사항 중의 하나일 것이다. 민사소송은 변론기일 공판정에서의 말 한마디 실수가 원인이 되어 억울하게 패하는 경우는 너무나도 흔한 일이고 자신의 모든 주장이 옳은 것임에도 증거가 철저하지 못해 패소하는 경우도 결코 드문 일이 아니다. 변호사도 억지주장이나 거짓말을 너무나 흔히 할 수 있다는 사실 또한 알아야 한다.

　따라서 민사소송은 소송 전에 어떻게 치밀한 준비와 대책, 증거 수집을 할 것인가는 매우 중요하며, 만약 급작스럽게 느닷없이 소송을 당했다면 증거를 수집하는 등 준비를 위하여 최대한 재판을 지연시키는 요령은 너무나 중요하다. (소송을 지연시키는 방법 등은 실무를 다룰 때 다시 설명할 것이다.)

소송을 제기하기 전 정말로 증거가 확실한가? 99% 이상 승리가 명백하게 추정되는가? 하는 확신이 없으면 좀 더 보류하고 생각해보아야 한다. 감정이나 기분에 휩쓸려 조급하게 제기하는 소송은 결코 승소를 장담할 수 없고 상당한 재앙을 가져다 줄 것이다.

나홀로 소송을 하는 사람에게는 평소의 습관도 매우 중요하다. 어떠한 거래관계가 있을 경우 소소한 것까지 증거를 컴퓨터에 저장하는 습관은 소송에 있어 결정적인 결과를 만들어 낼 수 있기 때문이다. 핸드폰의 메시지 등도 컴퓨터에 저장해 놓으면 긴요한 증거가 될 수 있다. 약속을 했다면 그 근거가 되는 대화나 메시지 등을 녹음해 놓거나 메모로라도 문서로 확인받아 컴퓨터에 저장해 놓는 습관은 너무나 중요하다. 사용처가 분명한 영수증은 확실한 증거가 될 가능성이 많다.

다. 법률구조공단의 적극 활용과 사전 자문구하기

이 책에서는 지금까지도 법률구조공단에 관해 언급하여 왔지만, 앞으로도 지겨울 정도로 언급할 것이다. 나홀로 소송을 준비하거나 수행하고 있는 사람이라면 염치불구하고 법률구조공단을 적극적으로 활용할 것을 권장한다. 법률전문가가 아닌 일반인들이 법을 잘 안다고 해도 법률전문가와는 비교할 수 없다. 하지만 다른 법률전문가들에게 자문을 구한다고 하더라도 적지 않은 어려움이 따른다. 가장 흔한 변호사는 상담료를 주어야 하고 상담 내용도 그리 만족할 만하지 않다. 법무사는 비송사건 절차에 관하여는 제일의 전문가이지만 소송에 대하여는 조금 다르다.

그런데 우리나라에는 법률구조공단이라는 법률봉사단체가 있다. 법률구조공단의 상담원들은 변호사나 사법연수 졸업생 등 최고의 법률전문가들이다.

하지만 이곳은 돈을 받지 않는다. 성의가 있고 매우 친절하다는 특징도 있다. 따져보면 정말로 고마운 기관 중의 하나인 것이다. 따라서 나홀로 소송을 하거나 준비하는 분들이라면 염치불구하고 이 법률구조공단을 바짓가랑이 잡듯 적극 활용해야 할 것이다. 이 말은 아무리 강조해도 결코 지나치지 아니할 것이다.

2. 우리나라의 재판제도

가. 3심제가 맞는가?

우리나라의 민사소송은 3심제로 알려져 있다. 하지만 액면 그대로 받아들이기에는 어려운 점도 있다.

먼저 사실에 관한 재판은 항소심(2심)까지만 허용된다. 대법원은 법률심이기 때문이다. 특히 중요한 사실은, 가장 많은 민사소송의 하나인 소액심판의 경우이다. 소액심판은 사실상 2심제라 해도 될 만하다. 기존 판례와 다른 판결이 있을 경우 등은 상고가 허용되지만, 2심에서 판사가 그런 판결을 내릴 리는 없으므로 사실상 유명무실한 것이다.

따라서 청구금액 3천만 원 내외의 단독사건의 경우 먼저 청구금액을 낮춰 소액심판으로 청구하는 것이 유리한가, 아니면 금액을 높여 청구하더라도 일반 단독사건으로 청구하는 것이 유리한가를 먼저 따져 봐야 할 것이다. 서로 장단점이 있기 때문이다.

나. 조정

민사조정절차는 조정담당판사 또는 법원에 설치된 조정위원회가 분쟁당사자로부터 주장을 듣고 여러 사정을 참작하여 조정안을 제시하고 서로 양보와 타협을 통하여 합의에 이르게 함으로써 분쟁을 평화적이고 간이·신속하게 해결하는 제도이다. 이 제도는 재판 전에 신청하는 경우도 있고 재판 중에 신청하기도 한다. 필자는 이 제도가 민사분쟁 해결에 있어 취지에 가장 잘 맞는 제도라고 생각한다.

그렇다 해도 문제는 있다. 특히 변호사들이 조정위원이 된 경우 변호사를 선임한 쪽의 의견을 반영하여 형평에 어긋나는 조정을 유도하는 경우 등이다. 하지만 이런 경우 당사자는 조정안이나 결정을 거부할 수 있으며 이런 경우 다시 재판으로 지속된다. 따라서 이 조정제도 자체를 탓할 수는 없을 것이다.

필자도 조정제도를 많이 활용하여 소기의 목적을 원만하게 달성한 경우가 꽤 있다. 판사는 언제든지 화해를 권고할 수 있다.

다. 지급명령

변론 절차 없이 간단한 절차에 의하여 채권자의 청구가 이유 있다고 인정하고, 채무자에 대하여 금전, 또는 유가증권 등의 지급을 명하는 재판을 말한다(민사소송법 제462조). 따라서 비용이나 시간은 절약될 수 있다. 지급명령을 구할 수 있는 청구는 위와 같이 금전 기타 대체물이나 유가증권의 청구만 가능하다. 상대가 이의하지 않을 경우 확정판결과 같아 강제집행도 가능하다.

하지만 채무자가 이의 하면 정식재판절차로 이어져 시간이 더 오래 걸릴 수도 있다.

라. 소액심판제도

2022년 기준으로 단독사건 중에서 금전청구금액 3,000만 원 이하의 사건을 재판하는 소송제도를 소액심판제도라고 말한다.

이 재판은 시·군법원이 있는 경우는 그곳에서 1심을 관장한다.

법원은 소가 제기된 경우 소장의 근거가 충분하다고 판단되면 결정으로 소장부본이나 제소조서등본을 첨부하여 피고에서 청구취지대로 이행할 것을 권고할 수도 있다. 피고가 이를 받아들일 경우에는 별도의 절차 없이 확정된다.

판결문에는 판결 이유를 적지 않아도 되므로 항소 시는 어려움이 있을 수 있고, 특별한 경우 외에는 사실상 2심제로 생각하는 것이 옳다.

마. 단독사건

2022년을 기준으로 볼 때 소가 5억 원 이하 사건을 단독사건이라 한다. 하지만 이 책에서는 소가 1억 원 이하의 사건만을 대상으로 한다. 왜냐하면 그 이상의 고액사건은 나홀로 소송과 맞지 않기 때문이다. 필자나 이 책의 독자들은 사실상 법률전문가가 아니므로 1억 원이 넘는 금액의 사건은 위험부담이 너무 크다.

1억원 이하의 사건은 1심에 한하여 당사자의 가족이나 고용관계가 있는 자는 변호사 아닌 자도 소송을 대리할 수 있다. 이 중에서 특히 원고 입장에서 볼 때 청구금액이 3,000만 원 내외의 사건이라면 청구금액을 3,000만 원으로 낮추면 소액심판절차에 따라 재판을 하게 되고, 금액을 다소 높여 3,000만 원 보다 조금이라도 많게 청구하게 되면 보통의 단독재판 절차에 따른다. 소액심판과 일반 단독재판은 재판기간 등 장단점의 차이가 꽤 있다. 금액을 높인다고 해

서 거짓말을 섞어 엉터리로 하라는 것이 아니라 위자료 등
을 넉넉하게 산정하여 청구하는 것 등을 말하는 것이다.

1억 원 이하의 항소심 사건은 모두 지방법원 항소부에서
재판을 관장하게 된다.

바. 합의사건

이 책에서는 이 단독사건 항소심이 아닌 경우, 1심의 합
의사건은 다루지 않는다. 1심 단독사건 중에서도 소가 1억
원이 넘는 사건은 나홀로 소송의 취지와 맞지 않다.

3. 소송대리

가. 국민들이 보는 재판의 공정성에 대하여

"우리나라에서의 재판은 공정한가?"

이 물음에 대한 답은 필자가 생각할 때 변호사의 경우 "그렇다"라는 답이 많을 것으로 추정된다. 하지만 일반인, 특히 재판을 해본 사람들의 경우를 보면 답이 많이 갈라질 것이다. 그중에서도 특히 변호사를 선임한 자를 상대로 소송을 해본 경험이 있는 자라면 결코 동의할 수 없을 것으로 본다.

여기서 필자의 경험상 더욱 놀라운 사실은, 승패여부를 떠나 단독 초심판사보다 경력이 많고 지위가 높으신 부장판사일수록, 지방으로 내려갈수록 변호사 쪽으로 기우는 경우가 압도적으로 많다. 라는 사실이었다. 필자의 경우 명판사의 명판결은 단독판사 대 부장판사 비율이 5대1 정도였다. 부장판사께서도 변호사 선임여부와 관계없이 공정한 재판을 하는 판사가 많은 것은 분명한 사실이기는 하다. 필자의 경험상 서울로 올라올수록 더욱 그러하다. **이러한 불편한 현실은 법률전문가는 결코 인정하지도 않을 뿐 아니라, 절대 가르쳐주지도 않을 것**이다.

따라서 나홀로 소송을 하다가도 상대방이 변호사를 선임하였다면 나홀로 소송자도 변호사 선임을 한 번쯤 고심해볼 필요가 있다고 보는 것이다. 그렇다고 무조건 변호사를 따라 선임해야만 한다. 라는 뜻은 결코 아니다.

금전 청구가 아닌 주위토지통행권 같은 경우, 상대방이 변호사를 선임하였다면 소가가 작다고 해도 변호사비를 들여서라도 목적달성을 해야만 할 중요한 경우도 있다. 지방으로 갈수록 특히 더한 것이 현실이다. 이런 것은 어떠한 전문가도 가르쳐주지 않을 뿐 아니라 인정하지도 않을 것이다.

가처분은 아무리 작은 사건이라도 대부분 합의사건으로 부장판사가 재판장이 될 것이다. 이 또한 순전히 개인의 경험담이기는 하지만, 일반인 당사자와 변호사 선임 당사자와의 싸움에서 단독 초심판사보다 결코 공정하다고 볼 수 없다. 결코 많은 숫자는 아니더라도 오래되고 지위 높은 판사일수록 그 만큼 세속에 오염된 경우가 없다고 할 수 없다고 필자는 생각한다. 가처분사건 같은 경우는 정식재판절차를 다 밟는 것이 아니기 때문에 그야말로 '법대로'보다 '맘대로'가 훨씬 더 많을 수 있지만 사실상 어찌할 방도는 거의 없다.

나. 가끔 판사가 변호사 선임을 추천하는 이유

재판을 하다보면 흔하지는 않지만 재판장께서 원고에게든 피고에게든 간에 변호인을 선임할 의향이 있는지를 은근히 타진하는 듯한 발언을 할 경우가 있다. 소송액수가 크면 클수록 더욱 그럴 수 있다.

이것은 결코 누구 편을 들거나 하려는 의미는 절대 아니다. 그런 배경에는 보통 어느 쪽이든 당사자가 제출한 문서가 도통 무슨 말을 하는지 종잡을 수가 없거나 옳은 주장을 제대로 표현하지 못하는 정도가 심할 경우라고 생각된다. 필자의 경우도 그런 경험이 적지 않게 있었는데, 상대가 제출한 문서를 보면 그 이유를 가히 짐작할 수가 있다. 그 사람의 경우 학식, 학벌도 꽤 있음에도 소송에서의 글은 자신의 주장만을 오기에 가득차서 횡설수설하는 경우가 허다하다. 뿐만 아니라 재판은 절차법에 의해 진행되는데도 불구하고 그 절차를 등한시함으로써 불리하게 몰리는 경우도 있다.

따라서 이런 경우 또한 법률구조공단의 도움을 받을 필요가 절실하다. 지체하지 말고 모든 소송서류를 싸들고 법률구조공단의 문을 두드려야 할 것이다.

다. 나홀로 소송자와 변호사의 소송 대결

공정성 문제는 대부분이 추측이고 감정적인 판단이 많을 것으로 본다. 그러나 아래 글은 필자의 경험에 의해 직접 겪었던 사례를 기준으로 대략적으로 파악한 내용임을 미리 밝혀둔다.

재판을 하다보면 상대 당사자가 변호인을 선임하는 경우도 있고 나홀로 소송인 경우도 있다. 이때 양쪽 모두 나홀로 소송이거나 양쪽 모두 변호사를 선임한 경우라면 아마도 그 재판은 승패가 어떠하든 간에 공정하게 이루어진다고 보는 것이 옳다. 이들을 필자의 경험을 참고하여 보았을 때 좀 더 구체적으로 말하자면,

첫째, 양 당사자 모두 나홀로 소송인 경우에는 98% 공정하다고 본다. 100%가 아니었다고 해서 특별한 의미를 둘 필요는 없고 거의 공정하다고 보는 것이다.

둘째, 양 당사자 모두 변호사를 선임한 경우라면 95%가 공정하다고 본다. 왜냐하면 이 경우 대체적으로 공정하기는

하지만 경우에 따라서 전관예우가 발동할 경우가 아주 없지는 않다는 뜻이다.

물론 옛날처럼 공공연한 전관예우는 찾아보기 힘들지만 필자의 경험에 의하건데 아직도 어떤 알 수 없는 세력의 전화 한 통화로 영향을 미치는 경우가 아주 없지는 않았다는 것이다. 그래서 100% 공정이 아니고 95% 공정하다고 보는 것이다. 하지만 변호사들을 포함한 전문가들은 이러한 현실을 이쪽이건 상대 쪽이건 결코 인정하지 않을 것이다.

셋째, 마지막으로 한쪽이 나홀로인 반면 다른 상대방이 변호사 선임일 경우는 공정성이 70% 정도로 본다. 이 부분은 이 책의 목적하는 바, 나홀로 소송의 취지에 다소 어긋나는 것처럼 보일지 몰라도 우리나라의 법원에 대한 국민들의 신뢰가 아직도 만족할만하지 못하다는 가장 큰 이유라고 보기 때문에 매우 중요한 것이다.

그럼에도 불구하고 필자의 경우 약 70%의 승률을 기록했다면 그나마 법원이 공정하려는 노력이 아주 없지는 않았다. 라고 스스로 위안을 삼을지는 모르겠다. 이런 경우에도 경력이 많고 지위가 높은 부장판사보다 하급심 초심 또는 단독판사들의 공정성이 눈에 띌 정도로 높았다는 사실은 너무나 슬픈 현실이라고 본다. 이는 나홀로 소송을 하는 분들은 명심해야 하며, 작전상 충실히 대비하여야만 하는 중요한 사항이기도 하다. 경력 많은 부장판사가 공정할 것이라고 보는 생각은 아예 머릿속에서 지워버리기 바란다. 이는 서울의 경우 그런 경우가 아주 적은 반면 지방으로 갈수록 점점 더 심해진다는 점도 간과할 수 없는 불편한 현실이라 할 것이다.

결국 오래된 법관일수록 세류에 물든 경우를 필자는 많이 느꼈다는 뜻이다. 하지만 그러하지 않은 판사가 훨씬 많았음도 세속에 물든 판사들이 꽤 있다는 사실을 밝히지 않을 수 없는 필자의 고민도 이해하기 바란다. 한편 나홀로 소송자와 변호사를 앞에 두고 공평한 재판을 위해 변호사 주장의 문제점을 또박또박 지적하시던 그 판사님은 몇 년의 세월이 흘렀지만 결코 잊히지 않고 있다.

라. 변호사라는 직업

우리는 TV나 영화, 소설 등에서 정의를 위해 싸우는 변호사들의 활약을 자주 본다. 실제로 그러한 변호사들이 상당수 있는 것은 사실이다. 그러하기 때문에 변호사라는 직업은 존망의 대상이 되고 있는지도 모르겠다.

하지만 유감스럽게도 변호사라는 직업은 옳은 말만 하는 특수직종이 결코 아니다. 오죽해야 과거 이용훈 대법원장께서 "변호사들이 만든 서류라는 것은 대개 사람 속여먹으려고 말로 장난치는 것이 대부분입니다."라고 말하여 법조계에 파란이 일었던 적이 있었겠는가마는, 이는 변호사의 상대방의 입장에서 보면 거의 절대적이다. 그럼에도 불구하고 재판 과정에서는 판사가 당신의 말보다 변호사말을 훨씬 더 믿고 신뢰하고 있다는 사실은 엄연하고도 사실적인 불편한 현실인 것이다. 이러한 사실은 지방으로 갈수록 더 심하다. 판사도 사람이기 때문이다.

변호사도 법률을 엉터리로 해석하여 고의적으로 왜곡하는 경우가 의외로 많을 수 있다는 사실도 참고해야 할 것이다. 재판에서 변호사가 말하는 법리 주장이니 그것은 옳을 것이라고 단정하는 것은 변호사라는 직업의 현실을 전혀 모르는 것이다.

마. 나홀로 소송에 유리한 심급(소액, 단독, 합의)

나홀로 소송에 유리한 심급을 고려해야 하는 이유는 변호사 대리문제가 있기 때문이다. 경험에 의하면, 변호사가 개입되지만 않는다면 어느 심급이던 공정하다고 판단된다. 공정하다면 이 책을 읽는 독자가 월등히 유리할 것이라 믿는다.

바. 변호사를 선임해도 당신의 적극적 노력이 없으면 위험하다.

어떠한 경우에도 변호사는 패소에 대한 책임이 거의 없다. 아무리 유능한 변호사를 선임하였다 해도 당신이 유리한 증거를 제공하지 않거나 유리한 상황을 만들어 놓지 않으면 소송은 항상 위험에 직면하게 된다. 선임된 변호사는 당신을 위해 최선을 다 할 것이지만, 사건 의뢰자는 여럿이고 당신만을 위해 고민하지는 않을 것이다. 변호사는 돈의 액수만큼 일한다. 라는 것이 통설이기도 하다.

제4부

소장, 답변서 등 작성 요령

일반적으로 재판에서 가장 많이 작성하는 서류는 대충 소장, 답변서, 준비서면, 기일변경, 증인신문사항, 서증목록, 서증인부서 등이 있다. 이중 '소장'은 소를 제기하는 사람이 작성하는 최초의 법원 접수서류이며, '답변서'는 이를 받아 본 상대방이 최초로 작성하는 서류이기도 하다. 나머지는 양 당사자 모두 필요에 따라 공통의 방식으로 작성한다. 이 부에서는 기초적인 상식에 관한 것만 설명하고 구체적 작성의 예는 [제7부. 실제 문서작성의 예]를 참고하기 바란다.

각종 기본적인 서식은 이 책 뒷부분과 **인터넷 <대법원> 사이트 "국민서비스/양식/양식모음"**에서 찾아 사용할 수도 있으나, 이 또한 실제 작성하여 제출할 경우는 법률구조공단의 도움을 받을 것을 적극 권장한다.

1. 소장

가. 제목과 사건의 표시, 청구취지

대부분 소장은 다음과 같은 순서로 작성된다.

- 사건번호
- 당사자 인적사항
- 청구(신청)취지(주위적, 예비적)
- 청구원인
- 입증방법
- 첨부서류
- 제출자 이름 (인, 서명)

이러한 것은 **인터넷 <대법원> 사이트 "국민서비스/양식/양식모음"**에서 제공하고 있으므로 다운받아 사용할 수 있기는 하지만, 그 구체적 내용은 작성하기 다소 어려울 수 있으므로 그런 경우 초안을 작성한 다음 법률구조공단에 가서 검토해달라고 하는 것도 가장 좋은 방법 중 하나이다. 특히 **'청구취지'는 매우 중요하므로 웬만하면 법률구조공단의 도움을 받는 것을 적극 권장**한다. 나중에 청구취지를 변경할 때에도 또한 같다. 중요한 금액을 깜빡 잊고 부족하게 청구하였을 경우에는 "청구취지 및 청구원인 변경신청서"를 제출하면 될 것이다.

```
┌─────────────────────────────────────────────┐
│               청 구 취 지                      │
│                                               │
│  1. 피고1,2는 연대하여 원고에게 금200,000원 및 이에     │
│     대하여 소장 부본 송달 다음날부터 다 갚는 날까지       │
│     연 12%의 비율로 계산한 돈을 지급하라.            │
│  2. 소송비용은 피고들이 부담한다.                    │
│  3. 제1항은 가집행할 수 있다.                      │
│  라는 판결을 구함.                              │
└─────────────────────────────────────────────┘
```

　다만 청구원인에 대하여는 사건관계를 누구보다 잘 알고 있는 당사자 본인이 어느 정도 작성을 해야만 할 것이다. 나중에 법률구조공단에 자문을 구할 경우에도 미리 작성하여 사실관계를 파악할 수 있도록 하는 것이 좋다.

　여기서 참고로 청구취지는 '주위적 청구'와 '예비적 청구'라는 것이 있다. 라는 사실도 이해할 필요가 있다. '주위적 청구'라는 것은 간단히 말해서 하고 싶은 주된 청구라고 이해하면 된다. 그러나 이것이 받아들여질지 확실하지 않은 경우를 대비해서 '예비적 청구'를 하는 것이다.

　하지만 이 책에서는 법률적 지식을 알려주려는 것이 아니라 승소를 위한 요령, 힌트 등을 제공하는데 목적이 있으므로 구체적으로는 논하지 않는다. 이러한 사항은 법률구조공단에서 상담할 때 함께 질의하면 유익할 것이다.

나. 청구원인

청구원인은 어떠한 양식이나 정해진 기준은 없다. 하지만 소송의 종류와 그때그때 상황에 따라 일반적으로 쓰는 형식을 택하여 따라하면 된다. 자세한 것은 뒤에 나오는 실제 사례를 참고하면 적지 않은 도움이 될 수 있을 것으로 믿는다. 여기서는 기초적인 내용만 설명한다.

첫째, 당사자

청구원인 중 맨 처음에는 서론에 해당하는 부분이 있을 것이다. 물론 이것이 어떤 규정으로 정해진 것은 아니지만, 소를 제기하여 판사에게 이해시키고자 하는 사람의 입장에서 보면 그러한 부분을 먼저 설명하는 것이 효율적이기 때문에 그러한 형식이 필요하였을 것이다. 그중 하나가 바로 당사자에 대한 설명이다.

민사소송에서는 '당사자 대립주의'라는 것이 있다. 이 말은 민사소송은 소를 제기하는 사람과 그에 대립하는 사람이 있다는 뜻인데, 이들을 민사소송에서는 '당사자'라고 부른다. '원고', '피고', '신청인', '피신청인' 등이 그것이다.

그런데 양 당사자를 심판하는 판사의 입장에서 보면, 사건의 구체적인 내용을 알기 전에 소송을 제기한 자가 누구며 그 당한 자가 누군지를 먼저 알아야 사건의 파악을 쉽게 할 수 있을 수도 있다. 따라서 반드시는 아니라도 소송을 제기하는 입장에서 가장 먼저 자신은 이 사건과 관련하여 어떤 위치에 있는 사람이며 이 사건에서 어떻게 피해를 당했는지, 자신의 권리는 무엇인지 등을 간략하게 소개하고, 다음 자신에게 피해를 입힌 자는 누구며 어떠한 의무가 있는 자. 라는 것을 미리 알려주는 것이 더 효율적일 수 있다.

민사소송에서는 사건의 당사자 이외의 사람들을 통상 '소외인'이라는 명칭을 쓰기도 한다. **(예 : 소외 김길동)**

---

1. 당사자

　위 원고는 피고1 주식회사 ******의 '******'라는 제품 1대를 피고2 주식회사****** 운영 인터넷몰을 통해 구매한 자입니다.

　피고1은 이 사건 제품인 매트리스를 공급하는 사업자로서 원고에게 25,000원~50,000원을 반품배송비라는 명목으로 금원을 요구하고 있는 자이며,

　피고2는 피고1의 입장을 들어주기 위하여 원고가 지불한 금원 총105,000원을 모두 보관하고 있는 통신판매업자(***** 인터넷몰 운영자**)입니다.

둘째, 사건의 개요

여기서는 서론 부분 중 분쟁의 기초가 되는 상황이나 제소에까지 이르게 된 사정을 간략하게 설명하는 것이 될 수 있다. 특히 분쟁의 근거나 기초가 법률인 경우 그 법률을 열거하기도 한다.

셋째, 본론 부분

본론에 해당하는 부분에서는 분쟁의 원인과 소송에 이르기까지의 구체적인 내용, 다른 해결방법이 없어 어쩔 수 없이 소에 이르게 되었다. 라는 구체적인 내용뿐만 아니라 판

결에 영향을 미치거나 쟁점이 될 만한 핵심적인 주장을 각 항목별로 나누어 적는다. 따라서 이곳에서는 주장, 인용하는 증거를 문장 끝에 표기하면 판사를 설득하고 이해시키는데 매우 효과적이게 될 것이다.

> 피고는 2000.12.21.자 원고에게 차용증을 써준 일이 있습니다 (갑제3호증. 차용증 사본 참조).
>
> 피고의 이런 행위는 법적으로 원고에게 배상할 의무가 있는 것입니다 (대법원 2021.0.00. 1234다123456 대여금 판결 참조).

그 외 경우에 따라서는 각주를 넣어 보충설명을 하기도 한다. 또한 서증을 인용할 경우, 인용하는 문장이나 도표, 사진 등을 직접 본문 중에 넣기도 하며, 이런 경우 사각 표를 만들어 그곳에 넣기도 한다.

> 이곳에 도표, 그림 등을 넣는다.

넷째, 결론 부분

지금까지 주장한바, 요약하여 피고는 원고 청구를 받아들여야 한다. 라는 내용을 쓰면 될 것이다.

> 3. 결론
>
> 피고는 도로교통법 제00조를 위반하여 원고에게 차량을 파손하는 피해를 입혔으므로 마땅히 그 손해를 배상하여야 할 것입니다.

다. 입증방법

주장을 입증할 서증(증거) 명칭을 "1. 갑 제... 호증"등의
번호를 부여하여 순서대로 기록한다.

소 명 방 법

1. 갑제1호증_제품을 주문하는 화면의 사진
1. 갑제2호증_배송비(2,500원)안내사진
1. 갑제3호증_주문서(일반택배)통보내용

라. 첨부서류

여기 첨부하는 서류는 증거와 구별된다. 주로 당사자나
소송의 기초가 되는 부분에서부터 다툼이 일어나지 않도록
하기 위하여 등기부등본 같은 것들을 붙인다.

첨 부 서 류

1. [별지1] 현황도로 도면

마. 가장 중요한 점

이상 논한바, 어느 것 하나 중요하지 않은 점이 없기는
하다. 하지만 그중에서도 가장 중요한 점은, 이러한 소장을
제출하기 전에 최소한 한 달 이상 또는 수개월 이상의 충
분한 시간을 가지고 사실관계와 그에 따른 증거를 꼼꼼히
따져보고 상대방이 어떻게 대처할 것인지 등 모든 경우의
수까지 점검한 다음 99.9% 승소가 확실하다고 판단될 때
에 비로소 제소를 하여야 한다. 라는 것이다. **원고로서 패**

소하는 사람들의 90% 이상이 이 당연하고도 아주 평범한 사실을 간과해서 일어난다고 해도 결코 과언이 아니다.

이때 승소가능여부를 지인에게 물어보는 것은 매우 위험할 수도 있다. 지인들은 대체적으로 억울한 점만 부추기는 경우가 많고 현실을 우호적으로 해석하기 때문이다.

2. 답변서

답변서의 제출은 피고 측에서 원고 측 주장을 그대로 인정을 할 수 없다는 반박의사를 밝히는 것과 동시에 향후 민사소송재판이 시작되게 된다는 것을 의미한다. 이후 변론준비기일과 변론기일에서 자신의 주장을 합리적, 사실적으로 정당하다고 주장하게 되며, 이를 뒷받침할 수 있는 관련 증거를 제출해야 한다.

따라서 답변서에 자신이 주장을 하고 원고 측 주장에 대해 항변을 할 수 있는 사항들을 모두 담아야 하는 것은 아니다. 일부 인정하는 부분에 대하여는 합의, 조정에 동의할 수도 있음을 밝히는 경우도 있다. 하지만 피고 측에서 제출한 답변서는 향후 민사소송 절차에서 대단히 중요하기 때문에 일목요연하게 법리적으로 타당한 내용을 담아야 하므로 제출하기 직전 법률구조공단에 찾아가 도움을 받을 것을 적극 권장한다.

여기서 한 가지 기술 또는 요령을 말하자면, 원고의 청구가 무리한 것이 확실하다고 판단된다면 그 확실한 증거가 되는 것은 미리 밝히지 않은 채 재판을 이어가며 계속적인 무리한 주장을 하도록 유도한 다음, 결정적인 순간에 그 사실을 강력하게 밝히면서 꼼짝 못하도록 증거를 제출하는 것도 긴요한 방법의 작전 중의 하나이다. 이러한 요령은 어떠한 법률전문가도 가르쳐주지 않으며, 이것은 답변서에서뿐만 아니라 소장에서도 또한 같다.

민사소송 답변서는 기본적으로 민사소송법상 "준비서면"에 대한 규정이 준용되게 된다. 몇 가지 주요한 사항들을 보면 다음과 같다.

첫째, 청구취지에 대한 답변

원고 측의 청구취지에 대한 답변을 명확하게 기재를 하여야한다. 여기에는 원고의 소장에서 주장한 내용을 모두 부정할수도 있고, 일부의 사항만 부정할 수도 있다. 이 경우 소송에대한 '기각' 요구를 하는 것이 보통이기는 하지만 원고의 청구가 소송요건이 충족되지 않는다는 이유로 원고 측 소를 '각하'해 달라고 답할 수도 있다. 기각은 일반적으로 원고 측 주장이부당하므로 들어주면 안 된다. 라는 뜻이고, 각하는 그것을 따지기 전에 소송 요건이 안 되거나 부적법한 소이므로 더 이상논할 것도 없다. 라는 뜻으로 이해하면 된다. 청구취지에 대한답변 끝에는 "소송비용은 원고의 부담으로 한다."라는 내용도넣어야 할 것이다. 예를 들면 다음과 같은 형식이 된다.

청구취지에 대한 답변

1, 원고의 청구를 기각한다.
2. 소송비용은 원고의 부담으로 한다.
라는 판결을 구합니다.

둘째, 청구원인에 대한 답변

청구원인에 대한 답변은 원고가 주장하는 사항에 대하여 구체적으로 반박한다. 주장들을 하나 또는 둘 이상의 항목으로묶어 논리적, 입증방법을 고려하여 작성, 반박하여야 한다.

결론 부분에 대하여는 본론 부분에서 다툰 내용을 간단히요약, 정리하고 이를 근거로 원고의 청구를 기각(또는 각하)해달라는 문구를 붙이면 된다.

셋째, 기타

그 외의 입증방법 등은 사항은 소장과 별반 다를 바 없다.

3. 준비서면, 참고서면

가. 준비서면

준비서면은 소장 또는 답변서에서 주장한 내용들을 좀 더 구체적으로 설명·입증함으로써 판사를 설득·이해시키는 과정의 문서이다. 답변취지 부분이 없다는 것 외에는 답변서와 별반 다를 바 없다.

나. 참고서면

참고서면은 보통의 경우, 변론이 종료되어 판결을 앞둔 상태에서 변론기일을 다시 잡아 속행할 것까지는 아니더라도 변론기일에서 다툰 내용에 부족하거나 보충할 부분이 있을 경우 참고서면이라는 명칭으로 제출하기도 한다.

다. 기타

지금까지 작성한 내용에 있어 지나치게 추상적이거나 근거 없이 장황하게 늘어놓는 내용이면 신뢰성에 의문을 줄 수 있다는 점은 재론할 필요가 없다.

4. 입증방법(서증)

입증방법은 보통의 경우 서증이나 물적 증거 등을 말하며 이는 주장을 뒷받침하는 입증자료로써 판결에 결정적으로 영향을 미칠 수도 있는 사항들이다.

증거는 소정의 번호를 부여한다. 서증은 통상 원고가 제출하는 서증은 '갑'으로 하고 피고가 제출하는 서증은 '을', '병' 등으로 시작한다. 그 뒤에 순서번호를 부여하고 같은 증거임에도 나누어 설명할 필요가 있을 경우에는 가지번호로 다시 쪼개어 나눈다. 그 다음에는 서증의 명칭을 부여한다.

갑 제3호증. 현지의 토지대장등본

을 제5호증의 1~6. 각 현장 사진

병 제7호증의 1 항공사진(승역지확대)

병 제7호증의 2 항공사진(원본)

병 제7호증의 3 항공사진(문서정보)

이러한 서증의 번호는 실제 제출하는 서증의 아래 또는 오른 쪽 공간에 기록, 표시함으로써 어느 것이 서증번호에 맞는 서증인지를 표시해 두는 것이 혼란이나 착오를 방지할 수 있는 방법이다.

대개의 경우 판사는 '나홀로 소송'자에게 입증을 분명하게 하기 위하여 서증을 세밀하게 나눌 것을 권장하기도 한다. 한 개의 증거가 너무 포괄적으로 여럿을 포함하고 있으면 사안마다 정확하게 입증되기가 어려울 수 있기 때문이다.

서증은 보통 원본을 소지하고 있고 사본을 제출하게 된다. 하지만 경우에 따라서는 판사가 원본의 제출을 요구할 수도 있으므로 어떤 경우에도 가짜나 위조, 변조된 것을 제출하면 안 될 것이다. 그것은 범죄행위이기 때문이다.

　만약 서증에 특별히 화살표 등을 넣어 일부분을 표시해야할 경우에는 표시하지 않은 서증과 따로 만들어 제출하는 것도 변조의 의심을 피하는 요령일 것이다.

5. 서증인부

　당사자들은 자신의 주장을 입증하기 위하여 증거를 제출하게 된다. 하지만 제출되는 증거가 다 옳고 바르게 적용, 인용되는 것은 아닐 것이다. 따라서 상대방이 제출한 증거는 그 서증에 대한 인부가 필요할 수 있다. 만약 상대방이 제출한 서증에 대하여 인부를 확실하게 하지 않으면 정당하다고 인정하는 것이 될 수도 있다. 상대 당사자가 증거를 부정하게 되면 그 증거가 진실하다는 것을 입증할 책임은 제출한 당사자에게 있을 것이다. 그 인부하는 용어는 다음과 같다.

가. 부지

　부지는 성립 자체도 알지 못할뿐더러 입증취지 또한 부정한다는 것이다.

나. 성립인정, 입증취지 부인

　이 말은 증거 자체는 진실한 것이지만, 그것이 법적 또는 사실관계를 입증하는 데는 맞지 않다. 라는 뜻이다. 사실상 증거를 부정하는 것이라 할 수 있다. 예를 들자면, 토지대장 같은 것은 그 진위를 쉽게 확인할 수 있어 그 자체는 의심의 여지없는 문서라는 것은 알지만, 그것이 주장하는 사실관계를 증명하는 것이 될 수는 없다. 라고 할 경우를 말하는 것이다.

다. 성립인정

상대방이 제출한 증거가 진실하고 입증하는 취지에도 동의한다. 라는 뜻이다. 즉, 증거에 대한 다툼이 없다. 라는 것이다.

라. 기타

이러한 서증인부에 대한 내용은 서증인부서를 따로 작성하여 제출하기도 하지만 준비서면 본문에서도 항목을 따로 정하여 상세하고도 명확하게 설명할 필요가 있다.

그 외 상세한 작성방법 등은 '**제7부. 실제 문서작성의 예**'**를 참고**하면 될 것이다.

6. 다시 한 번 강조할 중요 사항

　이상 논한바, 어느 것 하나 중요하지 않은 점이 없기는 하다. 하지만 그중에서도 가장 중요한 점은,

　첫째, 소송을 제기하는 원고는 소장을 제출하기 전에 최소한 한 달 이상 또는 수개월 이상의 충분한 시간을 가지고 사실관계와 그에 따른 증거를 꼼꼼히 따져보고 상대방이 어떻게 대처할 것인지 등 모든 경우의 수까지 점검한 다음 99.9% 승소가 확실하다고 판단될 때에 비로소 제소를 하여야 한다. 라는 것이다.

　둘째, 피고 또한 확실한 방어 증거가 부족할 경우, 최대한 재판을 연기시키는 등 시간을 벌어 가능한 수단을 모두 동원하여 사실관계와 그에 따른 증거를 확보하여 대항하여야 하며, 그러하지 못할 경우 재판 중간에라도 조정을 신청하여 보는 것도 좋은 방법이다.

　패소하는 사람들의 90% 이상이 이 당연하고도 아주 평범한 사실을 간과해서 일어난다고 해도 결코 과언이 아니다.

제5부

재　　판

1. 법률구조공단의 적극 활용

또 다시 강조하지만, 나홀로 소송을 하거나 하려는 자는 염치불구하고 법률구조공단을 필수적으로 끈질기게 활용하여야 한다. 조금 과하게 이야기해서 법률구조공단에 몇 번의 자문을 구하느냐에 따라 성패를 가를 수도 있다.

법률구조공단 활용 말고도 '소송구조제도'라는 매우 유익한 제도도 있기는 하지만 대상이 극히 제한적이고 절차도 까다롭다. 따라서 이 책에서는 소송구조제도를 간단히 소개만하고 그 제도를 이용할 경우에도 법률구조공단에 기댈 것을 적극 권한다.

소송구조제도

소송비용을 지출할 자금능력이 부족한 사람에 대하여 법원이 당사자의 신청 또는 직권으로 재판에 필요한 비용(인지대, 변호사 보수, 송달료, 증인여비, 감정료 기타 재판비용)의 납입을 유예 또는 면제시킴으로써 그 비용을 내지 않고 재판을 받을 수 있도록 하는 제도이다.

소송구조의 대상

민사소송, 행정소송, 가사소송의 본안사건은 물론이고, 독촉사건, 가압류·가처분신청사건도 그 대상이 된다.

소송구조의 신청

소송을 제기하려는 사람과 소송계속 중의 당사자가 신청할 수 있으며, 자연인은 물론 외국인과 법인도 신청할 수 있습니다. 신청서에는 1,000원의 인지와 송달료 2회분을 첨부하여, 소 제기 전에는 소를 제기하려는 법원, 소 제기 후에는 소송기록을 보관하고 있는 법원에 신청하여야 한다.

소송구조의 요건

소송구조를 하기 위해서는 신청인의 무자력과 승소가능성이라는 두 가지 요건이 필요하다. 무자력은 자연인의 경우에는 경제적으로 빈곤하여 자기 및 가족에게 필요한 생활을 해하지 않고서는 소송비용을 지출할 수 없는 상태에 있는 사람을 의미하며, 이에 대한 소명자료로 '소송구조 재산관계진술서'를 작성해서 제출하여야 한다.

승소가능성은 신청인이 그 소송에서 패소할 것이 분명하지 아니할 경우 인정되며, 법원이 재판절차에서 나온 자료를 기초로 판단한다.

이상 소송구조에 대한 내용은 인터넷 대법원 사이트 '대국민서비스'에서 발췌, 인용한 것임을 밝혀둔다.
https://help.scourt.go.kr/nm/min_16/min_16_1/index.html

2. 제소

소송은 소를 제기함으로써 시작된다. 제소에는 여러 가지가 있지만 여기서는 지급명령, 소액, 1억 원 이하의 단독 등에 대하여만 간단히 설명한다.

지급명령은 상대방이 반발하지 않을 것이 확실한 경우에만 신청하는 것이 좋다. 상대방이 불복하면 오히려 소송이 길어질 수 있기 때문이다.

청구금액이 3천만 원 내외라면 소액심판이 좋은지 일반 단독사건이 좋을지 생각해 볼 수 있다. 만약 채권채무관계가 명확하고 증거가 충분하다면 대개 1회 변론으로 끝나는 소액재판이 좋을 것이다. 소액재판은 사실상 2심 제도나 다름없고 판결문에 판결이유를 적시하지 않아도 되는 점이 일반 단독사건과 다르다. 그러므로 시간적으로 매우 빠르다.

따라서 청구내용이나 증거가 확실한 경우 다소 금액을 줄여 3,000만원 아래의 금액으로 하여 소액심판으로 청구하기도 한다.

반면에 승소할 자신은 있으나 상대방이 이유를 대며 반발하고 있는 복잡한 사건이라면 금액을 다소 올려서라도 단독사건으로 청구하는 것도 하나의 방법이고 요령이다. 부풀린 금액이 크지 않다면 그 부분 패소하더라도 물어줘야 할 비용이 크지 않기 때문이다.

이 경우는 소액심판보다 재판을 심도 있게 받을 수 있으며, 불복할 경우 법률관계에 있어서는 3심제가 보장된다. 만약 패소하여 항소할 경우에는 패소원인이 판결문에 적혀 있으므로 무엇이 잘못되었는지 알 수 있어 대처하기도 쉽다.

3. 관할—이송신청

 '관할'이라 함은 재판을 관장하는 법원을 말한다. 각 지역마다 관장하는 법원이 정해져 있다. 따라서 소송을 제기하는 자와 당하는 자가 같은 지역에 있다면 별 문제가 되지 않을 수도 있다.

 하지만 한 사람이 서울에 있고 상대방이 부산에 있다면 이는 상황이 달라진다. 한 사람은 재판을 받기 위해 서울에서 부산으로 또는 부산에서 서울로 올라와야 하기 때문이다. 물론 화상재판이 있다고는 하지만 아직 일반적이지 않을뿐더러 전문변호사도 아닌 일반인이 화상재판을 하기에는 현실적으로 어렵다.

 관할 또한 여러 종류가 있지만 일반적으로는 토지관할(재판적)과 사물관할에 관해서만 이해하면 무난하다. 이 책의 필자와 이 책을 읽는 독자는 법률전문가일 필요까지는 없기 때문이다.

가. 토지관할

 '토지관할'이라는 것은 소재지를 달리하는 같은 종류의 법원 사이에 재판권의 분담관계를 정해놓은 것이다. 토지관할의 발생원인이 되는 인적, 물적의 관련 지점을 재판적이라 하고, 이 중 보통재판적이라는 것은 일반적으로 인정되는 재판적을 말한다.

 만약 소송을 당한 측에서 볼 때 상대방이 너무 먼 지역의 법원에 소송을 제기하였을 경우 재판적을 따져보고 가능하다면 이송신청을 하여야 할 것이다. 민사소송법에는 다음과 같은 규정이 있기 때문이다.

"제2조(보통재판적)

소는 피고의 보통재판적이 있는 곳의 법원이 관할한다."

그러나 관할이 부적당하다 하더라도 일단 재판이 진행되는 중에는 바꾸지 못하는 것이 보통이다.

나. 사물관할

사물관할이라 것은 1심 소송사건을 관장하는 지방법원 단독판사와 지방법원 합의부의 재판권 분담관계를 정해 놓은 것이다. 지방법원단독판사와 지방법원합의부가 민사소송법에서는 별개의 법원이 되며, 재판권의 분담관계는 '관할'이 되는 것이다. 하지만 우리들, 나홀로 소송자는 이런 것까지 자세히 알 필요는 없을 것이다. 그것을 알아야 할 경우는 법률구조공단의 도움을 받는 편이 안전하다.

다만 **단독(소액재판 포함)판사와 합의부 판사 중 누가 더 공정한가, 어느 쪽이 더 유리한가 하는 문제**는 경우에 따라 다를 수 있으므로 숙고할 필요가 있다. 특히 소액(소가 3천만 원 이하 사건)재판의 경우는 사실상 2심제나 다름없고, 고액(소가 1억 원 이상 사건을 기준)의 단독사건이나 합의사건은 아주 경험이 많은 능숙한 사람 외에는 나홀로 소송으로 적합하지 않음으로 선택에 숙고할 필요가 있다.

4. 공격과 방어, 법원을 통한 증거

공격과 방어에 있어서는 그에 따른 입증이 문제가 된다. 따라서 미리 증거를 확보해 놓아야 하지만 그렇지 못한 경우 법원을 통한 증거확보가 가능한 경우도 있다. 구석명신청, 문서제출명령, 사실조회신청서, 증인신문, 현장검증 등이 그것이다.

가. 구석명신청

소송 당사자는 재판 진행 중에 필요에 따라 재판장을 통하여 상대 당사자에게 불확실한 진술 등을 구체적으로 확인을 요구하며 사실관계에 대한 정보 등을 밝힐 것을 요청하는 것을 말한다.

나. 문서제출명령신청

소송 당사자가 특정인이 가지고 있는 문서 중 중요한 증거와 관련이 있을 경우 그 소지자(상대방이나 제3자)에게 제출하여 달라고 법원을 통해 신청하는 것을 말한다.

다. 사실조회신청서

당사자의 신청에 의하거나 또는 법원이 직접 공공기관, 학교, 그 밖의 단체, 개인 등에게 필요한 내용에 대하여 사실의 조회를 하는 절차이다. 이를테면, 채무자의 이름, 주소, 주민등록번호 같은 것을 모를 때 그 사실에 대한 정보를 가지고 있는 곳에 구하기 위해 법원에 신청하는 것이다.

라. 증인신문내용과 녹취록

자신이 부른 증인을 신문할 때 이를 증인신문이라 하고, 상대방이 부른 증인을 신문할 때 이를 반대신문이라 한다. 증인을 신문하였을 경우, 법원은 이를 녹음하여 녹취록을 작성하게 된다. 대개의 경우 적지 않은 분량이지만 그 내용이 실제와 다를 수도 있으므로 이의 복사본을 요청하여 검토한 후 이상이 발견되면 정정신청을 하고, 이상이 없고 증거로 삼을 필요가 있을 경우 이를 서증으로 제출한다.

5. 조정, 화해

가. 임의조정

조정제도는 분쟁을 재판에 의하지 않고 당사자의 합의에 의해 사건을 해결하는 제도이며 어찌 보면 민사 분쟁의 가장 모범적인 해결방법인지도 모른다. 재판에 의해 해결되면 감정이 격하여 원수가 될 수도 있지만 조정에 합의하면 악수하고 끝날 수도 있기 때문이다.

조정은 재판 전에도 신청할 수 있고 재판 중에도 판사에게 신청할 수 있다. 당사자가 신청하지 않아도 재판장이 직권으로 조정에 회부할 수도 있다. 물론 조정이 모두 합의, 성립하는 것은 아니지만 양 당사자 모두 위험부담이 줄어들고 원만하게 해결하는 방법이라는 점에서 필자는 적극 권하는 바이다.

강제조정이나 조정에 갈음하는 결정의 경우는 이의하면 다시 재판으로 진행되지만, 양 당사자 합의하여 조정이 성립하면 확정판결과 같은 효과로 인하여 이의신청이 받아들여지지 않는다는 점도 알고 있어야 한다.

나. 강제조정, 조정에 갈음하는 결정 등

강제조정, 조정에 갈음하는 결정은 당사자 사이에 조정을 원치 않거나 조정이 결렬되었을 경우 조정위원장이 강제하는 조정 또는 결정이다. 이의하면 다시 재판으로 진행된다.

다. 승소만이 능사가 아니다.

재판은 소의 이익을 다투는 게임이다. 따라서 어떠한 경우에도 감정이나 오기를 앞세워 고집을 피우는 일이 있어서는 아니된다. 승리하면 이익을 보지 못하는 경우의 재판도 있다. 지방의 별 가치 없는 토지에 대한 주위토지통행권 소송 같은 것을 당했을 때가 대표적인 경우이다. 별로 쓸모없는 땅이지만 승소하면 보상을 한 푼도 받지 못하지만, 패소하면 보상을 받을 길이 법적으로 발생한다. 대개의 경우 법에 의한 보상보다는 당사자의 합의로 받는 보상이 훨씬 크다. 이 경우 토지가치보다 더 많은 금액을 보상받는 것도 너무나 흔한 일이며 그렇다고 땅을 빼앗기는 것도 아니다. 따라서 적당한 순간에 합의해야 이익을 극대화할 수 있다.

6. 변론

변론은 재판의 본론이다. 따라서 변론은 승패를 결정짓기 위해 거쳐 가는 가장 치열한 과정이다. 여기서 주의할 점 몇 가지를 설명하자면

첫째, 변론기일에 지각하지 말아야 한다. 지각했을 때 상대 당사자가 가버렸으면 불참한 것이 되고, 불참이 연속 2회 이상이면 패소로 이어질 수도 있다.

둘째, 변론은 기일 전에 변론할 주장을 미리 서면으로 제출하여야 한다. 증거 또한 당연히 첨부하여 미리 제출하여야 한다. 제출한 서류가 잘못된 부분이 있으면 보정서를 제출하여 바로잡아야 한다.

셋째, 현장검증이 필요한 경우 재판장에게 승낙을 받아 서면으로 신청하여야 한다. 증인신청 또한 같다.

넷째, 증인 신문의 경우 증인신문 내용을 미리 제출하여야 한다. 그런데 여기서 중요한 것은 증인신문은 고도의 기술적이며 심리적이라는 사실이다. 작전 또한 치밀하게 짜야만 한다. 특히 반대신문의 경우 작전을 잘 못 짤 경우 거짓증언에 의해 승패가 결정될 수 있다.

증인신문에 관하여는 뒤의 '제6부. 사례모음' 및 '제7부. 실제 문서작성의 예'를 반드시 참고하기 바란다.

다섯째, 반대신문의 경우 그 사람이 허위의 사실로 확인될 만한 경력이 있다면, 이를 먼저 심문하여 거짓증언을 하지 못

하게 하고 증언의 신빙성을 약화시켜야 할 것이다. (뒤 제5부에서 증인신문사항의 예를 보면 확실한 참고가 될 것이다.) 이때 판사는 "사건과 직접 관계없는 질문은 삼가라."고 주문할 수도 있는데, 이럴 경우에는 "이 질문은 증언의 신빙성에 관한 중요한 문제이니 허용하여 주십시오."하고 정중하게 양해를 득한다. 재판이 증인의 거짓으로 판도가 바뀌는 경우는 매우 흔한 일이다.

여섯째, 신문사항을 제출할 경우 상대방이 미리 알면 불리할 수 있는 내용은 따로 적어놓았다가 추가로 시간을 얻어 질문하도록 한다. 이러한 비법에 대하여는 어떠한 법률전문가들도 절대 가르쳐주지 않는다.

그 외에도 증인신문에 대하여는 정말로 치밀하고도 계획적으로 작전을 짜야만 할 것이다.

일곱째, 판사의 말을 절대로 끊지 말고 경청하라. 소송에 있어 재판장은 신성불가침의 존재이다. 따라서 판사가 말을 할 때 끊거나 답할 때 속사포처럼 쏘아대면 오해를 살 수도 있다. 판사도 사람이며 감정을 가지고 있음을 명심하여야 한다.

판사의 말을 잘못 들었으면 반드시 정중하게 "죄송합니다. 제가 잘 못 들었습니다. 다시 한 번 말씀해 주십시오."라고 부탁하여 확실히 이해하도록 하여야 한다.

여덟째, 어떤 경우에도 판사와 다투거나 대립하지 마라. 다시 한 번 강조하지만, 재판에서 판사는 신성불가침의 존재임을 명심하라.

아홉째, 변론종결 후에라도 결과에 영향을 미칠만한 중요한 점이 빠졌으면 변론재개를 신청하여 다투어야 할 것이다. 그 정도로 중요하진 않지만 그래도 알려야 할 사항이라면 참고서면으로 제출하라.

열 번째, 의사가 충분히 전달되었다면, 같은 이야기를 반복하는 것보다 가만히 경청하는 것이 판사의 신뢰를 더 얻을 수 있다. 말이 많은 사람을 싫어하는 것은 판사도 마찬가지이다.

열한 번째, 어떤 경우에도 절대 화를 내거나 흥분해서는 안된다. 항상 말과 행동을 예의 바르고 침착하게 하여야 한다.

열두 번째, 증인신문 시 증인에게 큰소리로 윽박지르거나 야단을 쳐서는 안 된다. 불리한 증언을 했다 하더라도 항상 존중하며 미소로 대하고 끝난 후에는 반드시 "수고하셨습니다. 감사합니다."라는 말을 잊지 말기 바란다.

열세 번째, 증인신문이 끝난 후에는 반드시 녹취록을 신청하여 검토한 후 증언내용과 다른 점이 있으면 정정신청을 해야 한다.

열네 번째, 희망 없는 소송은 적극 회피하라. 절대 요행을 바라서는 안 된다. 만약 증거 등이 부족하여 좀 더 보완이 필요하면 기일을 최대한 연장하여 부족한 점을 보충하여야 한다. 화해와 조정이 '승소'보다 나을 수도 있으므로 '현명함'을 택하라.

열다섯 번째, 상대방의 실수를 놓치지 마라. 만약 상대 당사자가 절차를 위반하거나 금반언의 원칙(과거에 한 사실과

대치되는 주장 등 한 입으로 두말하거나 모순이 있는 경우)을 위반한 사실이 있으면 반드시 지적하여 자신에게 유리한 변론을 하여야 한다.

열여섯 번째, 상대방이 불확실하거나 믿지 못할 증거를 제출할 경우, 서증인부서를 제출하여 정확하게 부정하고 준비서면에서도 그 이유를 밝혀라.

7. 기일변경신청

재판을 하다보면 변론기일에 나갈 수 없는 경우가 발생하기도 한다. 이를테면, 갑자기 감기몸살이 심하여 집중을 할 수가 없다거나 갑자기 상을 당했을 경우이다. 뿐만 아니라 증거확보에 좀 더 많은 시간이 필요할 경우에도 조급하게 재판을 하는 것보다는 최대한 늦추는 것이 필요할 경우가 있다.

이럴 경우 재판 중에 판사에게 사정을 이야기하여 '추정기일'을 요청할 수도 있지만, 기일변경신청을 할 수도 있다. 이 때에는 기일변경신청서를 입증서류와 함께 재판부에 미리 제출하여 허락을 받기도 한다.

민사재판에서는 이렇게 시간을 버는 행위 또한 기술적 행위에 속한다는 것을 이해하여야 할 것이다.

제6부
사례모음

과거 모 대학교수가 판사에게 석궁을 쏴서 물의를 일으킨 사건이 있었다. 왜 그런 일이 발생했을까? 하고 생각해 보면 이런 일들이 모두 민사소송이라는 것으로서, 법으로만 된다. 라거나 법적으로 옳은 사람이 승소한다. 라는 관념이 지배하고 있기 때문이 아닌가 여겨진다. 법률전문가들은 지금도 어디선가는 그런 주장을 계속하고 있을지 모를 일이다.

하지만 나홀로 소송자는 이러한 생각을 근본적으로 바꾸지 않으면 안 된다. 필자의 경험에 의하면 민사소송의 경우 대략 법 20%, 사실관계 20%, 요령 30%, 기타요소 30% 라고 생각된다. 이 기타요소에는 거짓말도 포함되어 있는 것이다.

이 사례모음 항목에서는 실제로 필자가 겪었던 재판에 관한 이야기를 가급적 꾸밈없이 알려주도록 할 것이다. 흥미를 위한 이야기 같지만 실은 재판이라는 것이 법 이외의 다른 요소에 의해 상당한 영향을 받는다는 사실을 깨우쳐주고 나홀로 소송자에게 승소를 위한 힌트를 제공하고자 하는 것이 목적이다. 관심 있게 읽고 반복 검토하기 바란다.

1. 반대증인심문으로 반전된 재판

가. 사실관계

집합건물인 유료주차장 건물이 있었고 필자는 그 집합건물의 관리단 대표('원고'라 함)였다. A회사는 주차장 운영회사('피고'라 함)였다. 피고는 관리비를 체납하였고 겨울철에 동파로 건물이 침수되어 정전이 되었을 때 이를 복구하는 과정에서 주차장 차단기의 전원에 대하여는 관리비 납부 시까지 복구하지 않았다.

원고는 체납관리비 청구소송을 제기하였고 피고는 원고 직원이 차단기를 고의로 내려 영업을 하지 못했으므로 오히려 손해를 배상하라고 맞섰다. 피고 변호사는 피고 회사의 영업관리책임자 'K'를 증인으로 불러 세웠다. 'K'가 원고 직원이 차단기를 고의로 내리는 것을 보았다.(실제는 보지 않았음) 라고 말했다는 것이었다. 따라서 그가 법정에 나와 거짓말 증언을 하면 재판은 원고 패소로 끝날 판이었으므로 그 증언이 거짓이거나 믿을 수 없다. 라는 것이 증명되어야 했다. 따라서 원고는 반대신문에 다음과 같은 질문을 넣었다. (구체적 내용은 뒤 사례집에 있음)

나. 증인(반대)신문

1. (문) 증인은 피고 회사 직원이지요? (답) 네.

2. (문) 증인은 (과거)**원고 대표 ***********에 대한 허위 사실의 비방문서를 작성**하여 다른 사람에게 전달한 적이 있습니까?

이때 재판장이 재판과 관련 없는 질문을 자제하라 하였고, 원고는 증언의 신빙성에 관한 중요한 문제니까 허용해 달라고 하였다. 그러자 증인은 남을 거짓말로 비방한 적이 없다. 라고 답했다.

하지만 원고는 과거 증인이 그런 문서를 타인에게 돌린 적이 있었음을 알면서도 당시에는 별거 아니었으므로 몇 개월간 아무에게도 알리지 않았던 것이었다.

3. (문) (갑제42호증_과거 증인이 ****** 대표를 비방한 문서를 보여주며)

증인이 작성한 이 문서에는 "지금(2015.4.30.) 원고 대표를 상대로 (관리인)**자격취소의 소를 제기하고 있는 상태**입니다." 라고 써져있습니다. 그렇다면 증인은 원고 대표를 상대로 하여 **관리인 자격취소의 소를 제기했던 사실이 있습니까? 아니면 단순히 원고 대표를 비방하기 위한 내용입니까?**

증인은 얼굴색이 변하면서 머뭇거리자 판사가 나서 솔직하게 대답을 하라고 윽박질렀고 증인은 거짓문서를 돌린 사실이 있다고 자백하였고 결국 이로 인해 원고가 승소하였다.

여기서 중요한 것은, 일반적인 질문으로는 증인이 거짓말을 할 때 사실상 막을 방도가 없다는 것이다. 하지만 원고는 재판과 관계는 없지만 증인의 약점을 파고들어 바른말을 하지 않으면 위증죄로 처벌받게 될 상황을 만들어 바른말을 하도록 유도하였고, 결국 유리한 증언을 얻어내어 승소를 하였던 것이다.

따라서 증인신문의 경우도 마찬가지로, 지나치게 법대로
만 외치다가는 결코 소송이 유리하지 않다. 라는 사실을 말
하고자 하는 것이다. 이러한 것은 어떠한 법률전문가도 가
르쳐주지 않는다.

　이 내용은 '제7부. 실제 문서작성의 예, 15. 반대신문사항'
에서 다시 한 번 자세하게 소개할 것이다.

2. 조정(합의)이 승소보다 더 이득이 된 사건

앞에서 설명한 것 중에 '형성권'이란 것이 있었다. 이에 관한 사건으로 필자는 공유토지의 3분지1을 경매로 낙찰 받았다. 그 토지에는 제3자의 비닐하우스 2동이 설치되어 있었다. 철거를 요구하자 옥신각신하던 끝에 이사비용 450만 원 정도면 철거하겠다. 라는 약속을 받아내었다.

한편, 필자는 공유자들에게 토지분할을 요청하고 그들이 거부하자 분할도면을 첨부, 형성의 소를 제기하였다. 공유자들은 분할을 하지 않겠다면서 반발하였다. 필자가 형성권을 내세우자 판사가 물었다. 조정, 합의를 하면 어떻겠는가? 다른 공유자들은 반대하였다. 이에 필자도 그러면 450만원을 한 푼도 부담하지 않겠다. 라고 버텼다. 이를 재판하던 판사가 직권으로 조정에 넘기자 결국 하우스 철거비용까지 똑같이 분담하는 조건으로 합의, 조정이 성립되었다. 결국 필자는 당초 450만원을 부담하겠다고 했으나 결과는 150만원만 부담하게 된 것이다.

이 사례도 보면, 모든 민사 분쟁이 법대로만 되는 것이 아니라는 사실을 입증한 것이라 할 수 있다. 조정이 승소보다 더 나을 수 있음도 입증한 것이다. 결국 민사소송은 법이 아니라 요령이고 기술인 것이다.

3. 6개월 준비 후 초전에 박살낸 경우

필자는 어느 날 모 지방에 귀농에 필요한 몇 필지의 토지를 매입하였다. 명의 이전서류를 모두 넘겨받았으나 깜빡 잊고 서류의 유효기간을 1년 넘게 지나치고 말았다. 그때 다시 서류를 부탁하자 매도자는 차일피일 미루기만 하다가는 "자신은 의무를 다했다." "워낙 가격을 싸게 팔았으니 좀 더 높여 달라."는 취지로 말하기도 하였다.

이에 필자가 실수를 한 사건이므로 해결하기 쉬울 것 같지 않다는 생각에 좋은 말로 달래가며 치밀한 계획 하에 핸드폰 메시지로 대화를 오고 간 자료를 모았다. 상대방은 이런 사실을 모르고는 말을 함부로 하며 멋대로 떠들었다. 6개월 후 모든 유리한 증거가 확보되자 이를 증거로 하여 소를 제기하였다. 소장을 받아본 매도자는 치밀하고 확실하게 만들어 놓은 증거를 보고는 더 이상 항변도 못하고 소를 취하해달라고 사정하면서 모든 서류를 황급히 다시 해 주고 말았다. 워낙 가격을 싸게 팔았으니 돈을 조금만이라도 더 달라는 주문도 취소하였다.

결국 이 사건은 미리 있을 소송을 대비하여 치밀하고도 침착하게 먼저 증거를 만든 다음 소를 제기함으로써 싸움다운 싸움 한번 하지 않고 승소를 이루어낸 사례의 하나이다.

하지만 뭐니 뭐니 해도 이 사건에서 우리가 느껴야할 가장 중요한 교훈은, 소송이 예상될 경우 상당한 기간을 두고 아무도 몰래 차곡차곡 승리를 위한 증거확보, 유리한 여건 만들기를 지속한 다음, 이제는 확실히 승소할 준비가 완벽하게 되었다고 판단될 즈음에 비로소 소를 제기하여야 한다. 라는 사실로서, 법률과는 아무런 관련이 없다는 것이다.

이것은 누구나 다 아는 사실이기는 하지만, 실제로 실행하기 가장 어려운 일이기도 하며, 필자의 85%승소를 가져다 준 가장 큰 비법 중 하나이므로 어떤 경우에도 함부로 기분이나 감정에 의해 조급하게 소를 제기하는 일은 절대 금물이라는 사실을 명심, 또 명심하기 바란다.

4. 명판사의 명판결

이 제목은 사실과 다른 모순이 있다. 결과를 먼저 말하자면 판결이 아닌 조정으로 끝난 사건이기 때문이다.

필자가 대표로 있는 관리단에 관리단 건물을 관리하던 A회사가 받지 못한 비용 9,300만원을 청구하였다. 장부상 기록이 있으니 증거가 명백하여 패소할 수밖에 없었다. 다만 딱하게도 관리단에는 B라는 구성원이 분담금을 내지 않은 것이 원인이었으므로 돈을 갚을 능력이 없었다.

그런데 재판 도중 A회사는 필자 관리단과 B에게 동시 각각 소송을 건 사실을 알아내었다. 따라서 답변 자체를 거부하고 중복소송이라며 각하를 요구하였다. 판사는 추정기일(변론기일을 지정하지 않음)을 지정하였다. 그 뜻을 알아차린 A회사는 관리단과 B중에서 B와의 소송을 버리고 관리단과 소를 지속하려 하였다. 그런데 B와의 소송은 당사자 적격문제로 1심 패소, 항소심 중이었다. 따라서 항소를 포기하면 관리단과의 소송은 계속될 것이고 보나마나 100% A회사 승소였다.

하지만 여기서 변수가 발생하였다. A회사는 항소를 취하하면 될 것을 소를 취하하고 말았다. 결국 이번에는 재소금지의 원칙에 걸리고 말았으므로 필자는 줄곧 각하를 요구하였다. 이때 재판장께서 직권으로 조정에 회부하고 조정위원장에 판사가 직접 나섰다. 판사는 주변을 물리친 채 필자를 불렀다.

"A회사 사정이 어려워 변호사도 선임하지 않아 실수를 했지만, 줄 돈과 받을 돈이 명백한데 과연 그 실수로 한 푼도 못 받는 것이 사회정의에 합당한 것인가?

A회사가 실수한 만큼 감안하겠다. 5,300만원을 깎아 4천만원만 내시고, 돈이 없다니 8개월에 무이자 분납으로 하는 것이 어떻겠는가?"

라고 제안을 하시었다. 이 말을 듣는 순간, 필자는 너무나 감탄한 나머지 돌아가 관리단 집회를 즉시 열어 "이 안마저 거부한다면 우리는 사람이 아니다. 판사님의 공정을 향한 진정성을 믿어 달라."라며 호소하여 결국 구성원들에게 돈을 거둬 소송을 끝내었다. 그 후 B구성원에게 이 재판 조정조서를 근거로 소를 제기하여 9,300만원의 분담금을 받아내어 결국 거둔 돈을 돌려주고도 5,300만원의 잉여금까지 만들게 되어 부자 관리단이 되었다.

이 사건에서 우리는 최소한 두 가지를 깨닫게 된다.

첫째, 법은 섣불리 아는 것이 모르는 것보다 못하다. 라는 사실.

둘째, 아직도 우리나라 법원은 믿을만하다. 존경받을만한 훌륭한 판사가 많다. 라는 사실이었다.

5. 최악의 판결로 실망한 재판의 예

　　서산지원 사건번호 2021가단3108 주위토지통행권 확인 사건의 소송이었다. 원고의 토지에서 공로로 나가는 길은 하나밖에 없었고 그 통로에 타의의 소유 토지가 약 10평가량 포함되어 있었으므로 이를 근거로 그 토지주에게 주위토지통행권 확인 소송(소가 약 48만원)을 제기하였다. 상대방은 변호사를 선임하여 응소하였다.

　　상대 변호사는 불확실한 인터넷 포탈에서 제공하는 항공사진을 증거로 하여 다른 토지에도 길이 있다면서 주위토지통행권 확인을 배척하는 주장을 하였다. 이에 대하여 원고는 그 항공사진은 출처도 불분명하고 실제라 하더라도 현황과 상당한 차이를 보일 수 있으므로 서증인부 : '부지'를 분명히 하였다. 이럴 경우 피고는 그 항공사진 등이 진실임을 입증하여야 하는 것이 통상의 민사소송 절차이다. 하지만 판사는 모두 생략하고 곧바로 선고일을 정하여 며칠 후 원고패소판결, 변호인 측의 손을 들어주었다.

　　그런데 문제는 그 판결 이유였다. 변호사의 주장을 원고가 서증인부에 '부지'를 분명하게 밝혔음에도 다툼에 대한 아무런 후속절차 없이 그대로 인용한 것이었다. 필자의 생각으로는 이정도가 되면 민사재판의 필요성 자체가 부정될 만한 엉터리 사건임이 분명하다고 본다. 일반인과 변호사의 소송에서는 재판할 이유가 없어지는 것이다. 그냥 변호사에게 의견을 물어 그대로 결정하면 될 것이기 때문이다. 물론 이 사실은 항소심에서 현장검증을 신청하여 "길이 없음"이 밝혀지기는 하였다. 그래서 더욱 그 재판이 엉터리였다. 라는 것이다.

사실 위의 다른 예에서 보듯이 거의 대다수의 판사님들이 공정한 심판을 위해 고심하고 계시다는 것을 절대 부인하지 않으며 지금도 그러한 생각에 변함은 없다. 하지만 몇 몇의 삐뚤어진 변호사와 그에 너그러운 분들이 다소나마 존재하고 있음은 불편한 현실로써 전체의 사법부를 불신하는 근거가 되기 때문에 안타깝다는 말이다.

6. 변호사는 바른말만 하는 직업인이 아니다.

2019년도에 주위토지통행권 소송에서 조정을 요구, 판사가 받아들여 양 당사자 서명날인을 근거로 조정조서를 작성하여 종결되었다. 하지만 피고는 며칠이 지나 어떤 이유를 들어 이의신청을 한 것이었다. 하지만 조정조서는 확정판결과 같아 이의신청이 불가하였다.

그 2년 후 피고로부터 소장이 날아왔다. 변호사를 앞세워 재심을 청구한 것이다. 하지만 재심은 원인이야 어떠하던 간에 그것을 안 날로부터 30일 이내의 기간 안에 소를 제기하여야 하고 이는 불변기간인데, 이미 이의신청을 한 경력이 있어 원인을 알고 있던 것은 2년 전이었음이 확실함에도 이 변호사는 2년 후에 알았다고 딱 잡아떼며 거짓말을 밥 먹듯이 하는 것이었다. 하도 괘씸하여 필자는 변호사의 주장은 소송사기에 해당한다. 라고 강력 주장한 결과 이것이 받아들여져 각하로 끝났다. 그것이 명확하게 소송사기에 해당한다. 라는 뜻은 아니지만 최소한 변호사의 허위주장에 의한 소송 제기라는 사실관계는 인정한 것이다.

뿐만 아니라 기타 주장의 사실관계 모두 거짓투성이였으므로 재판부는 하나도 들어주지 않았다.

이 사례에서 보듯이 변호사라는 직업인은 결코 바른말만 가지고 일을 하는 직업인이 아닌 것이다. 따라서 변호사를 필요 이상으로 비난할 필요는 없지만, 그렇다고 특별히 존경해야할 특별한 직업인도 아니라는 점을 나홀로 소송을 하는 사람들은 이해해야 할 것이다. TV나 영화에서 정의를 위해 싸우는 변호사의 모습은 어느 정도 과장된 것임을 이해해야 할 필요가 있다.

7. 패소함으로써 목적을 달성한 사례

토지를 매입한 후 집이나 창고 등 건축물을 짓기 위해 필요한 것이 진입도로이고 이 진입도로가 남의 토지로 되어 있으면 건축하가가 불허될 수도 있다. 이때 필요한 것이 민법 제219조의 주위토지통행권이다. 주위토지통행권이 확인되면 그곳은 토지주라 하더라도 길을 막을 수 없게 된다.

그런데 주위토지통행권은 그 진입도로가 2곳 이상이 존재하면 성립되지 않는 것이 보통이다. 이때 필요한 것이 한 쪽의 도로가 통행로로서의 기능을 할 수 없다. 라는 법원의 판결문을 받아내는 것이다. 다시 말해서 한쪽의 진입로에 소송을 걸어 의도적으로 패소하는 것이 요령일 수 있는 것이었다.

필자가 구입한 토지에는 진입로가 두 곳이 있었다. 한쪽은 주택 앞으로 난 좁은 길(a)이었고 다른 한쪽은 비교적 넓은 길(b)로서 농로로 되어 있었다. 하지만 두 곳 모두 타인의 토지가 포함되어 있어 타인의 진출입을 거부하고 있는 상태였다. 따라서 필자는 타인 주택 앞의 좁은 길(a) 토지주에게 소송을 걸어 도로개설을 청구하였다. 그러나 이 소송은 패하기 위한 소송이었다. 이것이 받아들여지지 않을 경우, 나머지 하나의 통행로는 주위토지통행권이 성립되기 때문이었다.

토지주는 변호사를 써서 항변을 하였다. 이에 필자는 소송에서 타인의 주택주인에게 사생활침해라는 기본적 권리를 주장하도록 묵인하였으며, 필자는 그것을 인정하는 방향으로 작전을 짰다. 결과는 당연히 필자의 패소였고, 이를 근거로 하여 (b)

토지주에게 '주위토지통행권 확인의 소'를 제기, 승소하였다.

민사소송은 소의 이익을 다투는 게임이다. 예를 든 이 사건은 역발상으로 패하는 소송으로 소기의 목적을 달성하는 방법 중 하나였다는 특이한 사례였다고 할 수 있다.

제7부
실제 문서작성의 예

이 부에서는 필자가 실제로 재판을 해가면서 법원에 제출하였던 서류를 개인정보만 삭제하여 공개하는 것이다. 그것이 매우 중요한 이유는

첫째, 그 양식과 서식 형식이 옳고 그름을 떠나 실제로 승소한 재판에서 쓰였다. 라는 사실이 더 중요하다. 따라서 나 홀로 소송을 하는 사람들은 그 형태나 형식, 주장을 어떻게 전개해 나가는지에 대한 요령을 이해할 수 있을 것이다.

둘째, 제출서류 양식은 가까운 법원에 가거나 대법원 인터넷 사이트에서 쉽게 구할 수 있다. 쓰는 방법 또한 인터넷에서 찾아보면 예를 들어 작성한 예시문을 많이 보게 된다. 하지만 그것들을 참고하여 막상 자신의 글을 쓰자면 어디서부터 어떻게 시작하여야 할지 막막한 경우가 허다하다. 전문가는 그러한 요령을 절대 가르쳐주지 않으며 어떻게 써야 효율적인 것인지에 대한 발상의 아이디어를 보여주지 않았기 때문이다. 소송에서의 글쓰기는 반드시 상대가 있는 글쓰기라는 점을 잊지 말아야 할 것이다.

셋째, 이 장에서는 답변서와 준비서면도 사건에 따라 올렸다. 소장은 상대방의 반응 없이 쓴 글이지만, 답변서나 준비서면은 상대 당사자의 의중을 알고 그에 대해 반박하기 위해 쓴 글이라는 점에서 다르다.

넷째, 통상 사람들은 판사(재판장)는 모든 법률을 알고 있는 상태에서 재판을 이끌어 나갈 것이라고 생각할 수 있다. 하지만 이는 큰 착각이다. 특히 상대방이 변호사가 대리하는 경우

더욱 위험할 수 있다. 변호사가 법률해석을 거짓으로 꾸며 주장할 경우 정확하게 지적하지 않으면 변칙적 해석이나 적용도 정당화 될 수가 있다.

따라서 이러한 문서작성의 예를 보면서 어떻게 상대방의 주장에 대하여 반박을 했는지 참고할 필요가 있을 것이다.

다시 강조하지만, 상대 당사자가 주장하는 법률내용은 그때마다 법률구조공단의 자문을 받아 검토해 볼 필요가 있다. 우리가 어설프게 알고 있는 법률상식은 실제와 다른 경우도 많고 어설프게 아는 것은 모르는 것보다 위험할 수도 있기 때문이다.

1. 소장 작성 사례 1

이 사건은 청구의 증거가 상당수 유실된 상태에서 제기하여 승소한 소장이다. 상대방 두 피고 모두 변호사를 선임하였으나, 변호사 선임 없는 원고가 모두 승소한 사건이었다. 내용이 길어 지면낭비 같지만 절대 그러하지 않다.

이 사건에서 가장 중요한 점은, 소를 제기하기 전에 미리 약 5개월간 이길 수 있는 여건을 완벽하게 만들어 놓은 다음 소를 제기하였다는 사실과 섣불리 아는 것은 화를 부른다는 사실이었다. 그 사연을 간략히 설명하면 다음과 같다.

먼저, 이 사건은 집합건물 집회 의결권의 과반수의 지분(의결권=소유**전유**면적)을 가진 사람(건물 주차장 구분소유자:'갑'이라 함)이 "집합건물 운영은 집회 과반수 찬성으로 의결한다."라는 점을 악용하여 수개월간 한 푼의 관리비도 내지 않았다. 그는 상당한 지식을 가지고 있는 것만은 분명하였다.

반대 측으로부터 분쟁의 해결 요청을 받은 필자는 '갑'에게 다음 사항을 제안, 한 달 이상 설득하였고 설득이 될 때까지 소송을 미루었다.

첫째, '갑'이 향후 임기 2년의 관리위원회의 회장을 맡아 위원회를 주관, 이끌어 갈 것.(집합건물은 의결기관으로 '관리위원회'와 '집회'가 있다. 관리위원회는 안건 심의기관이고, 집회는 심의를 마친 안건을 결의하는 기관임)

둘째, '갑'은 관리단을 운영할 관리규약 제정의결을 집회에 요구할 것과 집회를 주관할 관리인(대표)에 필자를 추천할 것[관리

위원회는 회장이, 집회는 관리인(관리단 대표)가 주관하는 것임]

셋째, 주차장 소유자인 '갑'은 모든 분담금 부담을 다른 점포의 20 ~ 25%로 한다는 내용을 규약에 넣는다.(주차장 관리비는 통상 타점포의 20~25%임, 규약에 없으면 법률상 100% 부담) 이에 자신이 회장이 된다는 사실과 25%만 부담한다는 사실에 만족하고 받아들여 관리위원회를 열어 의결, 집회에 넘겼다. 하지만 대표로 선임된 필자는 집회에서 규약에 **"집회 의결권은 소유'전유'부분(58%)이 아닌 소유'공유'지분(16%)에 따라 행사한다."** 라는 규정을 표결에 붙여 가결되었다. 결국 이후 필자가 대표가 되어 주관한 모든 집회안건에서 '갑'은 16%만 의결권을 행사하게 되었고 그간 밀린 관리비를 징수토록 하는 집회에서도 '갑'은 16%의 의결권만 행사할 수밖에 없었다. 이에 불만을 품은 '갑'이 밀린 관리비와 그 이후 관리비 등을 납부하지 않아 필자는 소를 제기, 승소하게 된 것이다.(집합건물법에서는 관리인만이 소송을 할 수가 있음) 이때 부족하였던 유실된 자료는 발행처에 가서 영수증을 재발급 받거나 확인서를 받아 증거로 제출하였다.

"선 준비 후, 소 제기"는 아무리 강조해도 지나침이 없다.

```
┌─────────────┐
│  접 수 인   │
├─────────────┤
│             │                 소      장
│             │
└─────────────┘
```

사 건 명 : 20xx 가단 xxxxx 관리비

원　　고　　(이름)　　　xxxx 관리단

　　　　　　(주소)　　　경기도

　　　　　　　　　　　　대표　xxx

　　　　　　(연락처)　　HP. 010-

피　　고1　　(이름)　　xxxx (주민등록번호 xxxxxxx)

　　　　　　(주소)　　　xxxxxxxxx

　　　　　　　　　　　　(xxxxxxxxxxxx)

　　　　　　(연락처)　　HP. 010-xxxxxxxx

피　　고2　　(이름)　　xxxxxxxxxxxxxxxxxxxx

　　　　　　(본사주소)　xxxxxxxxxxxxxxxxxx

　　　　　　(사무실)　　xxxxxxxxxxxxxxx

　　　　　　　　　　　　대표이사 xxxxxxxx

청 구 취 지

1. 피고1,2는 연대하여 원고에게 금<u>**46,128,810**</u>원 및 이에 대하여
   소장 부본 송달 다음날부터 다 갚는 날까지 연 20%의 비율로
   계산한 돈을 지급하라.

2. 소송비용은 피고들이 부담한다.

3. 제1항은 가집행할 수 있다.

라는 판결을 구함.

청 구 원 인

1. 사건의 개요

가. 당사자

이 사건 원고는 집합건물의 소유 및 관리에 관한 법률(이하 '집합건물법'이라 약칭하겠습니다.) 제23조(관리단의 당연 설립 등) "① 건물에 대하여 구분소유 관계가 성립되면 구분소유자 전원을 구성원으로 하여 건물과 그 대지 및 부속시설의 관리에 관한 사업의 시행을 목적으로 하는 관리단이 설립된다."라는 당연설립 강행규정에 따라 설립된 관리단이며, 피고1은 동 관리단의 구성원인 구분소유자로서 지하1층, 지상8층의 건물(갑제1호증, 집합건축물대장, 연면적 9,407㎡) 중 3층부터 8층까지의 주차장 5,410.39㎡(분양면적기준, 전유면적에 공유면적을 더한 면적)을 2014.2.6.부터 소유하고 있는 자이고, 피고2는 그 부분을 피고1로부터 임차하여 2014.2.6.부터 계속 사용하여 온 자입니다. (갑제5호증. 관리단 고유번호증)

그런데 원고의 관리인은 집합건물법 제25조(관리인의 권한과 의무)에 의하여 "관리단의 사무 집행을 위한 분담금액과 비용을 각 구분소유자에게 청구·수령하는 행위 및 그 금원을 관리하는 행위"와 "3. 관리단의 사업 시행과 관련하여 관리단을 대표하여 하는 재판상 또는 재판 외의 행위"를 할 수 있는 권한을 부여받고 있으며, 피고1,2는 집합건물법 제5조, 제17조 및 제42조 제2항에 의거, 공용관리비 등 분담금을 소유(또는 점유)지분 면적에 따라 납부할 의무를 지닌 자들입니다 **(대법원 2009다22266,22273 판결 참조).**

나. 사건의 발단

관리단의 구성원인 각 공유자(구분소유자 및 그의 승낙을 받아 사용하는 점유자 포함)들은 관리규약에 따라 정하지 않으면 집합건물법 제17조(공용부분의 부담·수익) 규정에 따라 "규약에 달리 정한 바가 없으면 그 지분의 비율에 따라 공용부분의 관리비용과 그 밖의 의무를 부담"하여야 합니다. 또 집합건물법 제24조(관리인의 선임 등) 제1항에서는 "① 구분소유자가 10인 이상일 때에는 관리단을 대표하고 관리단의 사무를 집행할 관리인을 선임하여야 한다."라는 강행규정을 두고 있으나, 그럼에도 이 사건 건물인 ***에서는 분양당시 관리인이 선임되지 않고 있어 분양자가 건물과 부속대지를 관리할 의무가 있으므로 정식으로 관리인이 선임되어 집무를 시작할 때까지 한시적으로 분양자가 지정한 소외 세화자산관리주식회사(대표이사 *******)가 모든 구분소유자들 및 입점자들의 동의를 얻어 2014년 12월 31일까지 관리인의 사무를 맡아 행하여 왔습니다.

그런데 피고1은 3층부터 8층에 이르는 주차장 부분을 경매를 통해 특별승계한 다음 피고2에게 2014.2.6.부터 임대하였으나, 피고1,2 모두 주차장운영이라는 사업이 수익성이 낮은 업종이라며 현재까지 일체의 관리비를 납부하지 않고 있어 이로 인하여 전기료와 수도료, 법정기술점검용역비, 관리소장 인건비 등 수개월 분을 연체하게 됨으로써 단전, 단수와 승강기정지 등 집합건물로서의 기능이 마비될 위급한 지경에 이르렀을 뿐 아니라, 관리소장과 미화원의 급료 및 퇴직금 등도 최저임금법에서 정한 최저임금조차 지급하지 못하게 되었던 것입니다. 그러한 이유로 몇 구분소유자들은 이러한 문제를 해결하고자 관리인을 선임하기로 하여 2014.10.14.자 오후 2시경 이 사건 건물 *** 지하 관리사무소에서 임시집회를 갖고 전문지식을 소유한 관리인을 선출하여 법률에서 정한 임무를 부여하게 된 것입니다.

이에 소외 xxxx관리주식회사는 2014년 12월 정식 사무를 시작한 원고(관리단)에 관리권과 미수금 및 부채 등 모든 회계자료를 이양하였고, 이에 원고는 피고1,2에게 미납관리비 납부를 요구하게 된 것입니다.

2. 체납관리비 액수와 합의파기

피고들의 체납관리비는 2014년2월(귀속)부터 2014년 12월(귀속)까지 11개월분으로 전기, 수도료 등 전용요금과 수선유지비, 법정기술점검용역비, 청소비, 소모품비 등의 공용관리비는 총36,047,090원이며 그외 인건비, 복리후생비 등의 일반관리비는 총10,081,720원(5410.36㎡ * 847원 * 20%적용 * 11개월)으로 도합 일금46,128,810원, 그리고 미납으로 인한 연체료가 총3,096,680원이므로 이들을 모두 합하면 총 일금49,225,490원이 됩니다. (피고들의 주차장부분에 대한 일반관리비는 2014년11월경 관리위원회에서 2016년 말까지는 다른 층의 단위면적당 단가의 20%, 그 이후는 25%를 부담하기로 의결한 결과입니다. 피고들이 이것마저 거부한다면 집합건물법 제17조에 따라 다른 층과 동일하게 100%를 부담하여야 합니다.)

그런데 원고의 대표(관리인 xxxx)는 이러한 위급한 상황의 문제를 해결하기 위하여 2015.1.26. 오후 2시경 피고2의 협상실무책임자 소외 xxx(피고의 개발운영본부 개발xxx팀장) 및 소외 영업운영 대리 xxx과 새로운 관리회사 소외 (주)xxx스 xxx

대리, 그리고 소외 관리사무소장 등을 이사건 건물 *** 관리사무소로 불러 협상할 것을 제안한 바, 원고는 첫째, 연체료를 감액하여주고, 둘째, 체납관리비의 항목별 세부내역을 피고2에게 서면으로 제출하며, 피고2는 2015.26.까지 체납관리비 중 일반관리비를 제외한 **일금34,522,870원**만 납부하기로 합의, 구두로나마 약정하였으며, 이에 따라 원고는 2015.2.5경 체납관리비 세부명세서(일반관리비 제외)를 피고2에게 팩스로 전달하였던 것입니다. 그러나 그 뒤로 소식이 없어 약속이행을 위한 독촉을 내용증명으로 한 바 있습니다. (갑제3호증)

그런데 피고1이 느닷없이 관리위원회를 소집하자고 제안하자 피고2는 이를 핑계로 기 약속한 사항을 지키지 않고 계속 미루다가 오늘에 이르러서는 "약정한 적 없다."라고 부인하면서 **피고들 스스로 약속을 파기**하였으므로 할 수 없이 이 사건 청구에 이른 것이며, 따라서 그 청구액은 연체료를 제외한 **일금 46,128,810원**이 되는 것입니다.

3. 관리비의 구성과 성격

관리단 사업을 위한 분담금 중 관리비는 구성원 자신이 사용하는 전기, 수도료 등 **전용관리비**와 공동전기료, 공동수도료, 법정기술점검용역비, 수선유지비, 직원교육비, 검사료, 환경위생비 등이 포함된 **공용관리비**, 그리고 인건비, 회계, 전산처리비, 관리사무소장 업무추진비 등이 포함된 **일반관리비**로 구성됩니다. 그런데 이러한 관리비는 건물의 안전 및 쾌적한 환경과 시설을 이용하기 위한 유지, 보수 등의 비용으로서 수익사업을 하지 않는 구분소유자라 하더라도 평등하게 소유지분에 따라 부담하여야 하며, 규약의 설정·변경 및 폐지가 일부 구분소유자의 권리에 특별한 영향을 미칠 때에는 집합건물법 제29조에 따라 그 구분소유자의 승낙을 받아야만 합니다.

따라서 수익성이 나쁜 주차장사업이라는 이유로 관리비분담에 있어 특혜를 받아야 할 이유가 될 수는 없는 것입니다. 관리단은 이익을 목적으로 하지 않는 비영리 단체(갑제5호증. 관리단 고유번호증)로서, 관리비는 공익성격의 분담금이라는 점을 이해하여야 하며, 모든 구성원은 집합건물법에 따라 권리와 의무가 부여됩니다.

4. 결론

피고들은 넓은 면적을 소유한 자본의 힘을 이용하여 지금껏 단 한 푼의 관리비도 납부하지 않고 계속 연체를 함으로써 집합건물로서의 기능을 상실할 위기에 처해 있습니다. 그럼에도 불구하고 최소한의 금액으로 줄여 납부할 것을 합의, 약정하고서도 그나마도 법적, 상식적으로 허용될 수 없는 이유를 들어 그 약정을 스스로 파기하였습니다.

따라서 피고들은 연대하여 이 사건 그동안의 연체료를 제외한 2014년2월부터 2014년 12월까지의 체납관리비 원금 **일금46,128,810원**을 원고에게 지급하여야 할 것입니다.

소 명 방 법

1. 갑제1호증. 집합건축물대장(사본임, 이하 같음)
1. 갑제2호증. 피고의 전용 및 공용관리비 체납내역
1. 갑제3호증. 피고의 일반관리비 체납내역
1. 갑제4호증. 합의준수촉구내용증명(체납관리비)
1. 갑제5호증. 원고(관리단, 대표)고유번호증
1. 갑제6호증의1-2. 피고2 법인등기부등본

2015. 3. 2.

원고   xxx 관리단 (날인 또는 서명)
(연락처. 대표 xxx : 010-3267-4390)

수원지방법원 민사xx단독 귀중

2. 소장 작성 사례 2

이 소장은 타인의 길을 도로로 사용하도록 하는 주위토지통행권 사건의 예이다. 결과는 재판 중간에 조정을 신청하여 원하는 바대로 합의를 하여 끝낸 사건이다.

주위토지통행권(민법 제219조)은 타인의 토지를 도로로 이용하기 위한 권리를 인정받는 것으로서 건축허가 등에서 매우 자주 일어나는 분쟁이다. 공로에서 자신의 대지로 진입하는 통로가 하나밖에 없을 경우, 또는 그 이상이 있다 하더라도 하나 외에 그 기능을 할 수 없는 경우 등에 있어서 그 통로에 포함된 타인의 토지에 길을 내어 사용하는 권리를 말한다. 이러한 사건은 수도 등을 남의 토지를 거쳐 설치하는 경우(민법 제218조)에도 발생할 수 있다.

이 사건은 사전에 먼저 마을사람들에게 이 통로가 언제 만들어졌는지에 대하여 확인서를 받은 다음, 그 현황을 측량하여 그것을 증거로 삼아 청구하였고, 이에 재판 도중 필자가 재판부에 조정을 신청, 받아들여지게 된 사건이다. **소송 도중 조정을 신청하는 방법 또한 하나의 긴요한 요령 중의 하나**이다.

소　　장

원　고 : xxxx (주민등록번호 xxxxxxxxx16)
　　　　주소 : 충남 태안군 xxxxxxxxx
　　　　연락처 : 010-xxxxxxxxx
피　고 : xxxxxxxxx (생년월일 xxxxxxxxx일생)
　　　　주소 : 경기도 xxxxxxxxx
　　　　휴대전화번호 : 010-xxxxxxxxx

주위토지통행권확인 청구의 소

청 구 취 지

1. 피고는 충청남도 태안군 xxxxxxxxx 토지 중 별지도면1. ⑧, ⑨, ⑰, ⑱, ⑧ 각 점을 차례로 연결한 점선 내 면적 20㎡ 부분에 대하여 원고에게 주위토지통행권이 있음을 확인한다.
2. 피고는 제1항의 통로에 대하여 통행에 방해가 되는 장애물을 설치하거나 기타 통행에 방해가 되는 일체의 행위를 해서는 아니된다.
3. 소송비용은 피고의 부담으로 한다.
4. 위 제1항 및 2항에 대하여 가집행 할 수 있다.
라는 판결을 구합니다.

청 구 원 인

1. 당사자

가. 원고

이 사건 원고는 xxxxxxxxx으로서, 귀농을 결심하고 정착할 대지를 물색하던 중 2015.12.1. 이후 충청남도 태안군 xxxxxxxxx(이하 'xxxxxxxxx'라 약칭하겠습니다.) *******번지(대지) 919㎡ 및 **************번지(답) 883㎡(이하 **요역지**'라 약칭하겠습니다.)을 경매 또는 일반거래를 통해 매입하여 소유하고 있는 자입니다.

나. 피고

피고는 요역지에 이르는 현황도로(또는 국유대체도로)의 일부인 xxxxxxxxx(전, 이하 '승역지'라 약칭하겠습니다.) 전체를 소유한 자입니다.

2. 이 사건 소에 이르게 된 과정

지적도 상에는 원고의 소유토지인 요역지와 공로 사이에 국가소유인 xxxxxxxxx번지(이하 '국도'라 약칭하겠습니다.)가 존재하지만 이는 지적도상에만 존재할 뿐 실제는 존재하지 않고 있으며, 현재는 이 사건 승역지를 포함한 현황도로만이 유일하게 존재, 사용되고 있습니다 (**갑제6호증_현재의 현황도로_도면 참조**).

이 현황도로는 2011년 경 xxxxxxxxx 등의 토지소유자인 소외 정의현(이하 '소외 xxxxxxxxx'이라 약칭하겠습니다.)이 답을 전으로 만들면서 '국도'를 없애 마을사람들과 경운기 등 차마의 통행이 어려워지자 그 도로에 접해있던 승역지의 토지주인 피고가 항의하자 소외 xxxxxxxxx은 자신의 토지 위에 너비 4m이상의 대체 현황도로(별지도면2_현황도로_도면 참조. 이하 '현황도로'라 약칭하겠습니다.)를 만들어 피고의 승낙 하에 피고 승역지와 함께 마을 사람들의 통로로 이용하도록 합의하였으므로 이후로는 원고와 마을사람들 모두 이를 현실적인 통행로로 이용하고 있었습니다.

그러나 피고는 원고가 태안군청에 원고 소유인 요역지 위의 건축신고를 하자 갑자기 현황도로의 일부인 승역지 사용(통행)승낙을 중지, 거부함으로써 원고 요역지는 공로와의 연결이 끊어지게 되어 민법 제219조(주위토지통행권)에서 말하는 토지의 용도(대지 및 전답)에 필요한 통로가 없는 경우가 되어버린 것입니다.

3. 주위토지통행권

우리나라의 민법 제2조(신의성실)에서는

"② 권리는 남용하지 못한다." (대법원 2010다59783 판결 참조)

라고 하고, 다시 **동법 제219조(주위토지통행권)**에서는

"① 어느 토지와 공로사이에 그 '**토지의 용도에 필요한 통로가 없는 경우**'에 그 토지소유자는 주위의 토지를 통행 또는 통로로 하지 아니하면 공로에 출입할 수 없거나 **과다한 비용을 요하는 때**에는 **그 주위의 토지를 통행할 수 있고 필요한 경우에는 통로를 개설할 수 있다.** 그러나 이로 인한 손해가 가장 적은 장소와 방법을 선택하여야 한다."

라며 **주위토지통행권**을 법률로 정하였을 뿐만 아니라, 대법원에서는

"**주위토지통행권은 어느 토지가 타인 소유의 토지에 둘러싸여 공로에 통할 수 없는 경우뿐만 아니라, 이미 기존의 통로가 있더라도 그것이 당해 토지의 이용에 부적합하여 실제로 통로로서의 충분한 기능을 하지 못하고 있는 경우에도 인정된다 할 것**"이라고 판시한 바 있습니다 (대법원 2002다53469 판결참조).

그렇다면 보건데

첫째, 원고는 원고 소유 대지의 용도에 적합한 주택 등 건축

물을 건축하거나 그 토지와 건축물에 출입하는 등의 통로가 반드시 필요할 뿐 아니라, 원고 소유 농지(답)의 용도에 적합하게 농사를 짓지 위해서도 그 토지에 트랙터 등이 출입하는 통로가 반드시 필요하다 할 것인바,

둘째, 지금까지 현황도로로 사용되던 피고 소유 승역지는 현재까지 묵시적이든 명시적이든 마을사람들에 대한 통행로로서의 주위토지통행권을 승낙한 이래 아무런 이의도 제기한 적이 없을 뿐 아니라, 현재와 같은 현황도로 외에는 사용해본 적도 없었고 사용할 계획도 가져본 적이 없었습니다.

셋째, 원고 토지와 공로 사이를 연결하는 국도(황촌리 *****
*)는 이미 폐쇄된 지 오래되어 태안군청에서는 원고에게 이에 대한 원상복구 계획을 갖고 있지 않다고 통보하였습니다 (**갑제 7호증_태안군 도로정비계획회신 참조**).

따라서 피고 소유 승역지를 포함한 현재의 현황도로는 원고 소유 요역지와 공로를 연결하는 유일한 통행로입니다.

넷째, 피고는 원고가 매입한 토지(xxxxxxxxx) 중 승역지 보다도 넓은 면적인 약 42제곱미터를 사용하고 있는바, 실질적으로 피고에 대한 피해를 보상하고 있는 실정입니다. 이는 이 사건 승역지의 현황 대체도로 개설 시 피고 승역지를 도로로의 사용을 허용하는 대신 소외 정의현 토지 일부(현재는 원고가 매입)를 피고가 점유, 사용하고 있음을 양자가 양해(보상)한데 따른 것이지만, 원고는 이와 무관하게 70만원을 별도로 보상하려는 것입니다.

따라서 이 사건 피고소유 승역지에 대하여는 원고의 **주위토지통행권이 인정됨이 명백하다 할 것**임에도 피고는 이를 부정하고 승역지의 사용을 거부함으로써 이 사건 소를 제기하게 된 것입니다.

4. 피고의 권리남용과 원고의 해결노력

전술한 바와 같이 피고는 이 사건 승역지를 포함한 현황도로를 폐쇄된 국도를 대체하는 유일한 통로로서 명시적이든 묵시적이든 지난 8년이 넘도록 아무런 이의 없이 마을 사람들이 통행하는 유일한 통로로 인정하여 왔을 뿐 아니라 그 토지를 통로에 공하기 위한 용도 외의 어떠한 용도로도 사용하거나 사용할 계획을 세워본 적이 없었던바,

원고가 승역지를 포함한 현황도로를 진입로로 하여 요역지 건축을 신청하자 이를 기회로 통로에 대한 이용을 거부하는 것은 민법 제2조에서 정한 신의성실의 원칙 위배 또는 권리남용에 해당한다. 라고 아니할 수 없습니다.

이에 원고는 모든 문제를 엄격한 법적 다툼의 문제로 다루는 것보다는 양자 원만한 합의에 의해 문제를 해결하는 것이 바람직하다. 라는 생각에 승역지의 통로 사용승낙을 해 주는 대가를 지불하겠다. 라고 하자 처음에는

"그 대가(보상)가 불과 몇푼 되지 않을 것 같으니 협의에 응할 수 없고 통행하지 못하도록 말뚝을 박거나 나무를 심어버리겠다."

라고 위협을 가하였습니다.

하지만 원고는 인내를 가지고 설득을 한 결과 피고는 원고에게 얼마를 보상해주겠느냐? 고 다시 물어옴에 따라 원고는

"건축신고를 한 상태라서 시간이 급박하니 피고에게 2018년 공시지가(1㎡당 14,100원 * 20㎡ = 282,000원) 기준 3.5배에 달하는 700,000원을 지불하겠다."

라고 하자 피고는 알겠다. 라고 하면서도 원고의 급박한 사정을 알고는 "어머님과 상의하겠다.", "다른 형제들과 상의하겠

다.” 또는 “자제분들과 상의하겠다.”라면서 무려 2개월간의 시일을 끌어 애를 태웠습니다.

이에 원고는 피고가 보상액수를 상식 이상으로 올리려는 작전임을 눈치 채고는 더 이상 협의를 지속하는 것이 타당치 않음을 인식하고 협상을 중단, 새로운 주변의 토지의 사용승낙을 요청하여 우회도로를 개설하려 노력하였습니다.

하지만 우회도로를 개설하려 할 경우를 따져 보건데, 새로이 우회도로로 사용될 토지는 기존의 현황도로와 달리 법령에 따른 형질변경 개발절차를 거쳐 농지의 전용, 도로로 지목변경, 토목설계 및 토목공사 등을 거쳐야 하므로 타인의 토지에 새로이 사용승낙을 얻기도 어려울 뿐 아니라, 설령 사용승낙을 구한다 하더라도 토지의 필요면적 및 비용 또한 최소 210㎡(승역지 면적은 20㎡에 불과)에 일금4천5백만원**(직영공사비 예상견적. 갑제5호증. 우회도로공사견적 참조)** 이상의 엄청난 고액 비용이 소요될 것으로 예상됩니다. 이는 직영으로 공사하는 최소의 견적일 뿐, 전문 토목시공회사에 맡길 경우 훨씬 더 많은 비용이 예상되는 것으로서 민법 제219조(주위토지통행권)에서 말하는 **“과다한 비용을 요하는 때”**에 해당하는 경우라 할 것입니다.

따라서 이 사건 원고 토지(요역지)의 용도에 필요한 통로 해결을 위해서는 피고 승역지에 대하여 청구취지와 같이 주위토지통행권이 인정되는 것 외에는 달리 방도가 없다할 것입니다.

5. **결론**

누구든 권리는 남용하여서는 아니되며, 어느 토지와 공로사이에 그 토지의 용도에 필요한 통로가 없는 경우에 그 토지소유자는 주위의 토지를 통행 또는 통로로 하지 아니하면 공로에 출입할 수 없거나 과다한 비용을 요하는 때에는 그 주위의 토지를 통행할 수 있고 필요한 경우에는 통로를 개설할 수 있는바,

첫째, 이 사건 승역지를 포함한 현황도로 또는 대체도로는 원고의 요역지와 공로사이에 그 토지의 용도에 필요한 유일한 통로로서 오랜 기간 평온하고 공연(公然)하게 사용되어 왔으며, 이는 그 토지소유자인 피고가 명시적이든 묵시적이든 인정한 결과였습니다.

따라서 민법 제219조에서 말하는 주위토지통행권이 인정됨은 명백합니다.

둘째, 원고는 그동안 원만한 해결을 위해 최선의 노력을 다하였고 피고의 손해를 충분히 보상하겠다. 라고 한 바 있습니다. 뿐만 아니라 피고 승역지는 다른 용도로 사용하기에 부적당할 뿐 아니라 현실적으로도 통로 이외의 용도로 사용해본 적이 없습니다. 토지 모양 또한 다른 용도로의 사용이 부적당합니다.

셋째, 승역지를 대체하는 우회통로를 개설할 경우는 적법한 개발행위절차를 거쳐야 하므로 약4천5백여만 원의 과다한 비용이 발생되어 승역지에 대한 주위토지통행권의 필요적 사유가 충분합니다.

따라서 원고는 이 사건 청구취지와 같이 청구하는 것입니다.

소 명 방 법

1. 갑제1호증_국유도로_등기사항전부증명서
1. 갑제2호증_피고소유부동산등기전부증명서
1. 갑제3호증_xxxxxxxxx토지대장
1. 갑제4호증_국유도로지적도면
1. 갑제5호증_우회도로공사견적

1. 갑제6호증_현재의 현황도로_도면
1. 갑제7호증_ 태안군 도로정비계획 회신
1. 갑제8호증_우회도로예정도면

첨 부 서 류

1. 별지도면1_현황도로 도면

2019. 05. .

위 원고 XXXX   (날인 또는 서명)

대전지방법원 서산지원 귀중

3. 소장 작성 사례 3

이 사례는 이른바 '주위적 청구'와 '예비적 청구'를 함께 하여 원만하고도 유익한 결과를 도출해 낸 사건이므로 소개한다. 이 형식이 반드시 옳은 것만은 아니지만, 이러한 작전으로 소기의 목적을 달성하였다는 사실이 중요한 것이다. 소액의 민사재판은 법으로만 되는 것이 아니라는 점이다.

이 사건은 필자의 친척('갑'이라 함)이 가게를 운영하고 있던 중 장사가 잘되자 이에 건물주가 보증금과 월세를 해마다 인상하였다. 견디다 못한 '갑'은 공인중개사를 통해 가게를 매입할 자를 물색하여 고액의 권리금이 포함된 가계약문서를 작성한 다음, 건물주에게 명의이전을 요구하였다. 건물주가 이를 거부하자 미리 준비하였던 가계약문서와 권리금 영수증을 토대로 주위적 청구인 "손해배상"을 청구하였고, 만약 그것이 싫다면 예비적 청구로서 장사를 계속할 수 있도록 보증금 및 월세 인상분을 모두 환원할 것을 청구하였다.

이에 재판부는 이를 조정에 회부, '갑'이 원하는 대로 보증금, 월세 모두 처음으로 환원, 지금까지 수년간 한 푼 인상 없이 장사를 계속하고 있게 된 것이다.

소   장

사 건 명 :

원   고   (이름) **********

             (등록번호) : **********

             (주소) 경기도 평택시 *******************

             (연락처) HP. **********

피   고   (이름) 경**********

             (주소) 경기도 평택시 **********

             대표자   **********

소송목적의 값	133,000,000원	인지	원
(인지첩부란)			

청 구 취 지

(주위적 청구취지)

1. 피고는 원고에게 건물임차보증금 일금**25,000,000**원 및 손해배
   상금 일금**108,000,000**원과 이에 대하여 소장 부본 송달 다음날
   부터 다 갚는 날까지 연 12%의 비율로 계산한 돈을 지급하라.

2. 소송비용은 피고가 부담한다.

3. 제1항은 가집행할 수 있다.

라는 판결을 구합니다.

(예비적 청구취지)

1. 피고는 원고와 2016.08.30.자 체결한 임대차계약을 같은 조건으로 갱신하고, 차임 또는 보증금의 증액청구가 청구당시의 차임 또는 보증금의 100분의 5의 금액을 초과한 금액은 무효로 한다.

2. 피고는 원고가 주선한 신규임차인이 되려는 자와 임대차계약의 체결을 거절하거나 1주일 이상 지체할 경우, 건물임차보증금 일금**25,000,000**원 및 원고가 지출한 권리금 일금108,000,000원과 이에 대하여 소장 부본 송달 다음날부터 다 갚는 날까지 연 12%의 비율로 계산한 돈을 지급하라.

3. 소송비용은 피고가 부담한다.

4. 제2항은 가집행할 수 있다.

라는 판결을 구합니다.

청 구 원 인

1. 당사자

가. 원고

이 사건 원고는 피고 소유인 경기도 평택시 ***********
****** 지상 소재 상가건물의 지하층 점포부분(이하 '**이
사건 점포**'라 약칭하겠습니다.)을 피고로부터 임차하여 '**
***************'라는 상호의 영업장을 운영하던 소외 *
*****(이하 '**전 임차인**'이라 약칭하겠습니다.)로부터 권리
금 일금68,000,000원을 지불하고 영업권을 넘겨받아 피고
와 2016.08.30.자 계약자유의 원칙에 따라 보증금 일금25,
000,000원 및 매월 일금1,100,000원의 월세 임대차계약을
체결하였고, 그후 일금40,000,000원을 투자하여 영업시설
을 보완하여 영업을 하여온 임차인입니다.

나. 피고

피고는 이 사건 점포를 소유하고 있는 자로서, 2016.08.30.자 이 사건 점포에 대하여 계약자유의 원칙에 따라 전 임차인과의 임대차계약을 해지하고 원고와 임대차계약을 체결한 임대인입니다.

2. 주위적 청구원인

가. 계약기간 등

이 사건 피고와 원고 간의 임대차 계약기간은 최초 2016.08.30.부터 2018.29.까지 였으며, 이때 보증금은 25,000,000원에 월 임차료 1,100,000원이었으나 한차례 묵시적으로 임대차 계약기간이 1년간 존속하게 되었으므로 실질적인 계약만료일자는 2019.08.30.이었습니다.

그런데 원고가 전 임차인에게 영업권을 양수하면서 지불한 권리금이 일금68,000,000원이었고 내부영업시설을 보완하기 위하여 지출한 금액이 일금40,000,000원이었으므로 임대차 종료 당시의 권리금은 총 일금108,000,000원이 됩니다.

나. 피고의 '권리금 회수기회 보호 의무' 위반

그러던 중 묵시적으로 갱신된 계약기간 만료일을 약20여일 남긴 2019.08.10.경 원고는 몸이 허약하여 이 사건 점표의 영업권을 타인에게 넘기기로 하여 신규임차인이 되려는 소외 ********(주민등록본호 : 7***************, 주소 : 서울시 ***************'라 약칭하겠습니다.)와 권리금 일금140,000,000원의 영업양도계약을 체결하였으나 피고는 상가건물 임대차보호법(이하 '상가임대차법'이라 약칭하겠습니다.) 제10조의4(권리금 회수기회 보호 등) 제1항 4호[1])를 위반하여 원고(임차인)가 주선한 신규임차인이 되려는 자와 임대차계약의 체결을 거절하였으므로 원고는 '********'에게 받기로 하였던 권리금 일금140,000,000원은 포기할 수밖에 없게 되었으므로 이에 피고는 원고의 손해를 배상하여야 할 의무가 발생하였습니다.

다. 손해배상액 산정

'상가임대차법' 제10조의4(권리금 회수기회 보호 등) 제3항을 보면

"③ 임대인이 제1항을 위반하여 임차인에게 손해를 발생하게 한 때에는 그 손해를 배상할 책임이 있다. 이 경우 그 손해배상액은 신규임차인이 임차인에게 지급하기로 한 권리금과 임대차 종료 당시의 권리금 중 낮은 금액을 넘지 못한다."

라고 규정하였는바,

이 사건 피고의 방해로 신규임차인이 '*********'가 임차인 원고에게 지급하기로 한 권리금은 일금140,000,000원인 반면, 이 사건 임대차 종료 당시의 권리금은 일금108,000,000원이므로 이 권리금 중 낮은 금액은 이 사건 임대차 종료 당시의 권리금이 되므로 이 일금108,000,000원이 피고가 원고에게 배상하여야 할 금액이 되는 것입니다.

3. 예비적 청구원인

이 사건 피고는 '상가임대차법' 제10조의4(권리금 회수기회 보호 등) 제3항을 위반하여 원고가 주선한 신규임차인이 되려는 자와 임대차계약의 체결을 거절하고서는 한 차례 묵시적으로 갱신된 계약기간 만료일을 아무런 통지 없이 경과한 다음 2019.09.02.자 혼자 영업준비를 하고 있던 원고에게 건장한 남성 2인을 대동하고 찾아와 험악한 분위기를 연출하면서 처

음 계약과 다른 조건도 다를 뿐 아니라 '상가임대차법' 제11조(차임 등의 증감청구권) 제1항 후단의

"(장래의 차임 또는 보증금) 증액의 경우에는 대통령령으로 정하는 기준에 따른 비율을 초과하지 못한다."

라는 조항과, 동법 시행령 제4조(차임 등 증액청구의 기준)에서 정한 "법 제11조제1항의 규정에 의한 차임 또는 보증금의 증액청구는 청구당시의 차임 또는 보증금의 100분의 5의 금액을 초과하지 못한다."라는 규정을 위반한 새로운 계약서를 내밀면서 강압적으로 다시 계약을 체결할 것을 요구하였습니다.

소 명 방 법

1. 갑제1호증_원고 고유번호증
1. 갑제2호증_집합건축물대장
1.

2019. 09.   .

원고 ********(날인 또는 서명)
(연락처. 대표 ******* : 010-**********)

```
┌─────────────────────────────────────────────────────┐
│          휴대전화를 통한 정보수신 신청                  │
│  위 사건에 관한 재판기일의 지정·변경·취소 및 문건접수 사실을 │
│ 예납의무자가 납부한 송달료 잔액 범위 내에서 아래 휴대전화 │
│ 를 통하여 알려주실 것을 신청합니다.                     │
│ ▣ 휴대전화 번호 :                                      │
│               2019 .  12 .   .                        │
│     신청인 원고  **********   (서명 또는 날인)          │
│                                                       │
│          수원지방법원 평택지원 귀중                     │
└─────────────────────────────────────────────────────┘
```

---

1) 상가임대차법 제10조의4(권리금 회수기회 보호 등)

① 임대인은 임대차기간이 끝나기 6개월 전부터 임대차 종료 시까지 다음 각 호의 어느 하나에 해당하는 행위를 함으로써 권리금 계약에 따라 임차인이 주선한 신규임차인이 되려는 자로부터 권리금을 지급받는 것을 방해하여서는 아니 된다. 다만, 제10조제1항 각 호의 어느 하나에 해당하는 사유가 있는 경우에는 그러하지 아니하다. <개정 2018.10.16>

4. 그 밖에 정당한 사유 없이 임대인이 임차인이 주선한 신규임차인이 되려는 자와 임대차계약의 체결을 거절하는 행위

4. 소장 작성 사례 4

이 소장은 누구나 알만한 대기업 운영의 유명 인터넷 몰에 등록된 판매업자의 "부당한 반송료 덮어씌우기"에 대항하여 본보기로 소를 제기, 사과와 함께 합의(제소 하자마자 통신회사에서 합의요청, 끝낸 사건임)를 받아낸 사건의 소장으로 다소 내용이 길기는 하지만 억울하게 당하는 피해자들을 지원하는 의미에서 그 사례를 올린다.

이 사건은 상품 값에 비하여 매우 큰 배송료를 속여 부담시키고 이를 뒤늦게 알고는 출발도 하기 전에 계약을 취소하자 무려 상품 값의 50%에 육박하는 위약금을 덮어씌웠고 이에 반발하여 소를 제기하게 된 것이다. 하지만 이는 소를 제기하기 전에 미리 인터넷에 있는 혼동하기 쉬운 광고 문구 등을 캡처하였고 물류 이동에 관한 기록을 날짜와 시간별로 요청하여 모든 자료를 모두 확보한 다음, 소비자원 진정을 거쳐 소를 제기함으로써 대기업 인터넷몰 측이 변론 전 긴급 요청하여 모든 비용을 되돌려 받고 합의에 이르게 된 사건이다.

오늘도 인터넷 통신몰에서는 억울하게 당하는 사람들이 많을 것으로 생각되며 그들에게 조금이나마 도움이 되기를 바란다. **미리 철저하게 준비하면 공룡 같은 거대 회사와도 당당히 맞서 승소할 수 있다.**

접 수 인	

소　　　장

사 건 번 호	2016 가소 1******8
배당순위번호	
담　　　당	제

원　　고　　(이름)　　*******(*******)

　　　　　　(주소)　　경기도 화성시 ******************

　　　　　　　　　　(능동, *************)

　　　　　　(연락처)　HP. 010-*******

피　고1　　(이름)　　주식회사 *******(*************)

　　　　　　(주소)　　경기도 *************

　　　　　　　　　　대표이사 ****** (TEL : 02-*******)

피　고2　　(이름)　　주식회사 ************* (1*******)

　　　　　　(본사주소) 서울시 강남구 *******

　　　　　　　　　　(역삼동,******센터)34~37F

　　　　　　　　　　대표이사 ****** (TEL : 1*******)

소송목적의 값		원	인지	원
(인지첩부란)				

<h1>청 구 취 지</h1>

1. 피고1,2는 연대하여 원고에게 금105,000원 및 이에 대하여 소장 부본 송달 다음날부터 다 갚는 날까지 연 15%의 비율로 계산한 돈을 반환하라.
2. 소송비용은 피고들이 부담한다.
3. 제1항은 가집행할 수 있다.
라는 판결을 구함.

<h1>청 구 원 인</h1>

1. 당사자

위 원고는 피고1 주식회사 ******(이하 '<u>피고1</u>'이라 약칭합니다.)의 '이****** 매*******'(이하 '*******' 또는 '<u>물품</u>'이라 약칭합니다.)라는 제품 1대를 피고2 주식회사*******(이하 '<u>피고2</u>' 또는 '*****'이라 약칭합니다.) 운영 인터넷몰을 통해 구매한 자입니다. (http://*******/detailview/Item.aspx?go*******)

또 피고1은 이 사건 제품인 매트리스를 공급하는 사업자로서 원고에게 25,000원~50,000원을 반품배송비라는 명목으로 금원을 요구하고 있는 자이며, 피고2는 피고1의 입장을 들어주기 위하여 원고가 지불한 금원 총105,000원을 모두 보관하고 있는 통신판매업자(******* 인터넷몰 운영자)입니다.

2. 사건의 개요

가. 사건의 사회적 성격

이 사건 원고는 반품배송비문제를 제기하는 과정에서 소비자원에 진정하게 되었으며, 소비자원은 사실을 파악한 다음 피고들에게 원만한 해결을 권고하였으나 피고들은 이를 거부하였습니다.

따라서 강제권한이 없는 소비자원 측에서는 원고와 사후조치를 상담하던 중 이러한 분쟁이 빈번히 발생되고 있으나 뚜렷한 기준이 없어 누군가 재판을 받아 판례를 만들게 되면 수많은 반송, 배송비 분쟁해결에 크나큰 도움이 될 것이라고 하여 원고가 그 희생적 대가를 기꺼이 지불하더라도 법원의 판결을 받아보도록 하겠다고 나서 이 사건 소를 제기하게 된 것입니다.

나. 물품구매신청, 계약체결 과정

원고는 집에서 사용할 매트리스를 구매하기 위하여 2016. 4.19.자 인터넷쇼핑몰 피고2 사이트를 검색, 그 주문화면에서 피고1 제품인 매트리스를 선택, '**구매가격 105,000원, 배송비 착불조건**'을 확인하고 배송비 확인을 위해 배송·반품/상품고시 탭을 선택(갑제1호증_제품을 주문하는 화면), 다음과 같은 **편도 배송비 2,500원을 확인**하였습니다.

******* 사진 생략 *******
(갑제2호증_배송비(2,500원)안내사진)

그런 다음, 즉시(2016.4.19 09:18:21) 주문 신청하였으며, 이에 피고2는 원고의 이메일을 통해 **제품가격 105,000원, 수량 1, 배송방법 일반택배**(금액표시없음) **조건으로 응답함으로써 계약 체결이 완료**되었습니다. (갑제3호증_주문서(일반택배)통보내용)

다. 주문시 게시한 금액과 다른 배송비 문제발생

그로부터 3일 후인 2016.4.22. 08:24경, 배송기사가 배송

예정이라는 첫 통보(배송기사HP.*******)를 전화로 알려왔습니다. 이때 **'잠시 후 출발할 테니 도착하면 배송비 25,000원을 준비하라'**는 이야기를 듣고는,

"당초 주문시 배송비 2,500원을 확인했는데 왜 갑자기 25,000원입니까? 그렇다면 주문을 취소하려는데, 취소해도 배송비를 물어야 하나요?"

하고 물으니. 그 기사는

"배송도 안 하는데 무슨 배송비요? 그런 거 없고, 지금 취소하는 건가요?"

하고 되물어 재차 확인하기 위하여 잠시 전화를 끊고 생각해본 다음, 다시 전화를 걸어

"정말 취소하면 배송비 내라는 소리 안하는 거지요?"

하고 물으니

"취소하면 차에 싣지도 않기 때문에 배송비는 없습니다. 지금 차에 싣지 않을 테니 취소는 본사에 하세요."

라고 말하였으므로 원고는 다시 사업자 피고1에 전화를 걸어 물품을 취소요청 하였습니다. 그러자 전화를 받아 구매취소를 접수한 여성은

"왕복배송비가 발생됩니다. '배송비 없다.'라는 기사말씀은 실수입니다."

라고 말하므로,

"배송도 안 된 물품에 왕복배송비요구는 부당합니다. 출발도 안했으므로 물건 구경도 못했습니다."

라며 따진 후, 이어 피고2에게도 전화로 항의하였으나 피고2 직원은

"주문화면의 배송비2,500원 기재로 혼란을 준 것에 대한

잘못은 인정합니다. 소비자 입장에서는 억울하겠지만, 사업자 측의 입장을 고려해야 하므로 피고1 주장대로 50,000원을 물어야 하며, 다만, 그 액수 중 10,000원은 피고2 측에서 부담하겠습니다."

라고 하였으며, 이후 피고1은 다시 원고에게 전화를 걸어와 왕복반품배송료가 총 40,000원이 맞는다며 수정, 청구하므로 하는 수없이 소비자원에 진정한 후 이 사건 소를 제기하게 된 것입니다.

3. 피고 전자상거래에 관한 위법성

이 사건은 **피고의 '전자상거래법'위반을 원인으로 취소된 것**이며, **배송이나 반품은커녕 배송기사가 차에 싣지도 않은 물품의 왕복반송비요구가 문제되는 사건**으로서 원고의 주장은 다음과 같습니다. 즉,

첫째, 전자상거래 등에서의 소비자보호에 관한 법률(이하 '전자상거래법'이라 약칭합니다.) 제13조(신원 및 거래조건에 대한 정보의 제공)에서는

"② 통신판매업자는 소비자가 계약체결 전에 '재화등에 대한 거래조건을 정확하게 이해하고 실수나 착오 없이 거래할 수 있도록' 다음 각 호의 사항을 적절한 방법으로 표시·광고하거나 고지하여야 하며, 계약이 체결되면 계약자에게 다음 각 호의 사항이 기재된 계약내용에 관한 서면을 재화등을 공급할 때까지 교부하여야 한다. 다만, 계약자의 권리를 침해하지 아니하는 범위에서 대통령령으로 정하는 사유가 있는 경우에는 계약자를 갈음하여 재화등을 공급받는 자에게 계약내용에 관한 서면을 교부할 수 있다.

3. **재화등의 가격**(가격이 결정되어 있지 아니한 경우에는 가

격을 결정하는 구체적인 방법)과 그 지급방법 및 지급시기"
라고 정하고서, 다시 그 법 제17조(청약철회등) 제3항에서는
"제17조(청약철회등)

③ 소비자는 제1항 및 제2항에도 불구하고 재화등의 내용이
표시·광고의 내용과 다르거나 계약내용과 다르게 이행된 경
우에는 그 재화등을 공급받은 날부터 3개월 이내, 그 사실을
안 날 또는 알 수 있었던 날부터 30일 이내에 청약철회등을
할 수 있다.

제18조(청약철회등의 효과)

⑩ 제17조제3항에 따른 청약철회등의 경우 재화등의 반환에
필요한 비용은 통신판매업자가 부담한다."

라면서, 이 사건의 경우처럼 물품선택 및 구매화면의 배송·반
품/상품고시 탭(갑제1호증_제품을 주문하는 화면) '배송/상품
/교환문의정보' 아래에 편도 배송비 2,500원이라는 안내문을
게시한 다음, 배송 직전 그 게시금액의 10배에 해당하는 배송
비 25,000원을 요구하는 것은 "재화등의 내용이 표시·광고
의 내용과 다르거나 계약내용과 다르게 이행된 경우"에 해당
하는 것으로서 이런 경우 "청약철회등의 경우 재화등의 반환
에 필요한 비용은 통신판매업자(피고)가 부담"하여야 한다고
명시하고 있습니다.

둘째, 전자상거래법 제21조에서는

"① 전자상거래를 하는 사업자 또는 통신판매업자는 다음 각
호의 어느 하나에 해당하는 행위를 하여서는 아니 된다.
1. 거짓 또는 과장된 사실을 알리거나 기만적 방법을 사용하
여 소비자를 유인 또는 소비자와 거래하거나 청약철회등 또는
계약의 해지를 방해하는 행위"

라고 정하였는바, 구매시 배송비 2,500원(일반택배, 착불조건)을 게시한 다음 배송 직전 배송비 25,000원을 요구한 피고의 행위는 "거짓 또는 과장된 사실을 알리거나 기만적 방법을 사용하여 소비자를 유인 또는 소비자와 거래하는 행위"에 해당하는 것입니다. 이 사건 원고가 청약한 다음 피고가 보낸 주문체결 확인서에도 배송비 25,000원이라는 문구는 아무데도 없기 때문에 더욱 그러합니다. (갑제3호증_주문서 일반택배 통보내용 사진)

셋째, 소비자는 사업자의 배송상태에 대한 일련의 과정 정보를 알 수가 없기 때문에 '배송의 시작'은 '소비자에게 첫 번째로 배송을 예고한 때'입니다. 따라서 배송기사(배송기사 HP.0**************)가 **"지금 배송하려 합니다."라고 전화로 알려준 때가 배송의 시작시점**이며, 그때 취소하여 차에 싣지도 아니하였다면 이는 **배송의 시작도 하지 않은 것**이며 따라서 **반품배송비는 존재할 수 없는 비용**입니다.

넷째, '**배송**'이란, 주문자에게 목적물을 배달하는 것을 말하며 '**반송**'이란 소비자에게 도착한 물품을 되돌려주는 것을 말하는 바, 판매회사 측에서 제시한 '배송자료'(갑제4호증.*******_이동근거자료)라는 것은 실제 '배송된 자료'가 아니라 '**<주문등록>**(2016.4.20. 16:35)**부터 <주문확정>**(같은날 17:10)**까지의 자료**'에 불과한 것으로 그 내용은 다음과 같습니다.

******* 사진 생략 *******

따라서 이 자료를 배송과 반품이 실제로 이루어진 것처럼 반품왕복배송비로 속여 소비자에게 50,000원을 청구, 물품가격에서 공제하겠다. 라고 하는 것은 형법 제347조(사기)에 해당하는 범죄행위입니다.

다섯째, '반품'이라는 것은 이미 도착한 물품을 되돌려 보내는 것입니다.

그런데 이 사건 물품의 도착은커녕 배송이 시작도 되기 전 피고(공급, 사업자)의 계약위반을 이유로 계약을 취소하였다면 '왕복반품배송비'라는 말 자체가 성립될 수 없으므로 만져보지도 못한 물품에 대하여 물품가격의 47.6%에 달하는 일금50,000원을 요구하는 것은, **전자상거래법 제18조 제9항의 "통신판매업자는 소비자에게 청약철회등을 이유로 위약금이나 손해배상을 청구할 수 없다."라는 규정을 위반**한 것입니다.

왜냐하면, 피고는 택배기사가 **'배송되지 않아 배송비도 없다.'라고 말한 것은 '실수'**라고 하면서 처음에는 25,000원의 반품배송비, 다음에는 50,000원을, 마지막에는 40,000원을 물어야 한다.라고 주장했으므로 이는 '공급받은 재화등의 반환에 필요한 비용'이 아니라 취소에 대한 보복적 위약금 청구이기 때문입니다.

4. 배송비의 '은밀한 고시방법'

피고 측에서는 원고가 주장하는 배송/상품/교환문의정보 편도배송비 2,500원을 고시한 사항에 대하여 실수 또는 착오라고 주장합니다.(갑제2호증_배송비(2,500원)안내사진) 그런데, 그 주문화면에서 무려 10회 이상 아래로 스크롤하는 동안 **목적 물품 구매와 아무 상관없는 회사의 광고를 한참 지나야 볼 수 있는 위치에 '착불배송비안내'**가 또 있습니다.

그렇다면 이는 정상적인 가격의 고시가 아닙니다. 왜냐하면, 물품선택과 아무 상관없는 회사광고는 물품 구매시 소비자가 읽어야 할 필요나 의무가 없는 것이며, 물품선택과 직접 상관있는 **'배송/상품/교환문의정보'**(편도 배송비 2,500원)는 물품 선택시 참고하도록 소비자가 보기 쉬운 곳에 고시한 다음, 물품선택과 아무 상관없는 회사광고 아래 소비자가 쉽게 읽을 수 없는 위치에 또 다른 내용의 '착불배송비안내(피고주장 편도 25,000원)'를 게시했다면, 이는 소비자가 현혹되거나 혼동할 수밖에 없는 **'은밀한 게시'**방법으로서 전자상거래법 제21조 제1항 제1호의 **'기만적 방법을 사용하여 소비자를 유인 하는 방법'**입니다.

5. 배송료의 의미

이 사건과 같은 전자상거래시 소비자가 지불하여야 하는 비용은 두 가지입니다. 그중 하나는 사업자의 물품대금이며, 나머지 또 하나는 택배기사가 받는 택배비로 일명 배송료라 부릅니다. 그렇다면 보건데, 먼저 물품에 대하여는 소비자에게 건네지지 않았으므로 변질되거나 소모, 훼손되었다거나 하는 것이 아닌 한 이 사건 취소로 인하여 전자상거래법에서 말하는 물품의 훼손이나 가치 감소 등의 비용발생이 없습니다.

다음으로 배송료 또한 2,500원이 되었든 25,000원이 되었든 간에 그 **배송료는 택배기사가 배송한 대가로 받아가는 배달요금**이기 때문에 반품시에는 일단 배송된 물품의 배송료에 더하여 택배기사께서 다시 회수하여가는 비용이 발생하므로 택배기사에게 지불하여야할 **'반품왕복배송료'**라는 것이 발생하는 것입니다.

그런데 이 사건 그 기사가 물품을 차에 싣지도 아니하고 배송 자체가 이루어지지 않은 이상 반품이라는 말 자체가 성립될 수 없으며, 따라서 애초부터 택배기사께서 비용발생(자신이 받아갈 택배비)이 없다. 라고 직접 확인한 이상 사업자가 왕복배송료를 요구하는 것은 택배기사를 앞세워 민법 **제741조에서 말하는** 부당이득을 취하겠다는 것입니다. 따라서 왕복반품배송료 요구는 형법 제347조(사기), 민법 제741조 및 전자상거래법 제17조 등에 저촉되는 불법행위입니다.

6. 결론

이 사건은 인터넷 전자상거래시 수시로 발생하는 배송비분쟁에 관한 사건 중 하나입니다. 물품금액이 선불이며 분쟁금액이 소액이다 보니 설령 소비자가 억울하다 하더라도 판매자가 해결을 거부할 경우 판매자의 횡포에 굴복할 수밖에 없는 현실에서, 이 사건 법률적으로 명확한 판례가 남는다면 소의 이익이 적지 않다 할 것입니다. 그렇다면 보건데,

첫째, 피고1 사업자는 전자상거래법 제13조(신원 및 거래조건에 대한 정보의 제공) 제2항 제3호에서 정한 "3. **재화등의 가격**(가격이 결정되어 있지 아니한 경우에는 가격을 결정하는 구체적인 방법)과 그 지급방법 및 지급시기를 **정확하게 게시**"하지 않았습니다.

다시 말해서, 이 사건 피고들은 배송비를 구매화면에서는 2,500원을 게시하고, 소비자가 볼 필요가 없는 자사 광고화면 끝에 25,000원을 게시하였으므로 이는 전자상거래법 제21조에서 금지하는 **"거짓 또는 과장된 사실을 알리거나 기만적 방법을 사용"**하는 위법행위입니다.

둘째, 반품배송비라는 것은, 배송이 된 물품에 대하여 사업자에게 되돌리는 비용이므로, 배송이나 반송은커녕 배송처인 택배회사에서 출발도 이루어지지 않은 사건에서는 적용될 수 없는 비용입니다.

따라서 소비자에게 **배송은커녕 출발도 이루어지지 않은 사건에 대하여 징벌적 벌과금을 반품왕복배송비라는 명목으로 금50,000원을 요구하는 것은 형법 제347조(사기) 또는 제347조의2(컴퓨터등 사용사기)에 해당하는 범죄행위**입니다.

셋째, 피고1 측에서 주장하는 '배송자료'(갑제4호증.*******_

이동근거자료)라는 것은 '<주문등록>부터 <주문확정>(2016.4.
20.)까지의 **주문확인과정의 자료'에 불과한 것**으로, 배송증거
가 아닙니다.

결국 피고가 반품왕복배송비 명목으로 징벌적 금액인 50,000
원을 요구한 것은 피고의 전자상거래법 제13조, 제17조, 제18
조, 제21조의 위반으로서, 피고들은 연대하여 물품대금 105,0
00원 전액을 원고에게 반환해야 합니다.

소 명 방 법

1. 갑제1호증_제품을 주문하는 화면의 사진
1. 갑제2호증_배송비(2,500원)안내사진
1. 갑제3호증_주문서(일반택배)통보내용
1. 갑제4호증_피고의 배송준비상태자료
1. 갑제5호증_피고1_등기사항전부증명서(법인)
1. 갑제6호증_피고2_등기사항전부증명서(법인)

2016. 6.   .

원고 ******* (날인 또는 서명)

(연락처 : 010-*******)

수원지방법원 오산시법원 귀중

5. 답변서 사례

이 사건은 소송을 당한 필자 측(피고)이 100% 패소하여야 만 하는 사건이었으나 필자 측은 돈이 없어 파산지경으로 어려움을 겪던 때였다. 하지만 재판과정에서 원고 측의 절차위반을 공격함으로써 57%를 감액하여 조정을 이끌어낸 사건이다. 필자는 피고 측이었다.

이 재판의 교훈은, **첫째 법은 어설프게 알면 모르는 것만 못하여 자칫 화를 당할 수 있다.** 라는 사실이고, **둘째, 민사소송은 법률적으로 옳은 사람만이 이기는 게임이 아니라 절차 등 여러 변수와 기술적 요인이 더 중요할 수도 있다는 사실**이며, **셋째, 판결보다 조정, 화해 등이 더 합리적이고 원만하다. 라는 사실**이었다. 이것이 바로 형사소송과도 다른 점이라 할 수 있을 것이다.

이 소송에서는 "1. 답변의 요지. **가. 당사자 부적격**"부분이 가장 중요한 핵심주장이었다. 그 나머지 주장은 의례적인 주장일 뿐이었다.

답 변 서

사 건 명 : 20***** 관리비   [민사 3 단독]
원   고 : 주식회사**********
피   고 : **********

　위 사건에 대하여 피고는 다음과 같이 답변합니다.

청구취지에 대한 답변

1. 원고의 청구를 각하 또는 기각한다.
2. 소송비용은 원고의 부담으로 한다.
라는 판결을 구합니다.

청구원인에 대한 답변

1. 답변의 요지

　가. 당사자 부적격

　　　집합건물법과 이 사건 원, 피고 간에 체결된 위.수탁관리계약
　　서(갑제4호증. 위수탁계약서, 이하 '관리계약서'라 약칭합니다.)
　　그리고 피고의 관리규약 등에는 관리비 등 분담금에 관하여
　　청구, 징수권자와 **부담하는 납부의무자를 명확히 규정**하고 있
　　는 바, 이에 의하면 관리단인 피고는 관리비에 관하여 징수권
　　자로서 청구인이 되고 피고의 각 구분소유자 및 점유자(이하
　　'구분소유자 등'이라 약칭합니다.)가 납부의무자가 됩니다.
　　　그런데 피고는 이 사건 건물 **********에 대한 관리계

약을 체결하면서 원고에게 관리비징수권을 위임하였으므로
원, 피고 간의 관리계약이 유효한 기간 내의 관리비 청구,
징수 등은, 그 계약이 종료된 이후에도 원고는 채권의 만
족을 얻을 때까지 채무 당사자인 각 구분소유자 등에게 청
구를 할 수 있으며 현재 그 재판 항소심이 인천지방법원에
서 진행되고 있습니다 **(인천지법 ***********리비청구, 갑제4**
호증.위수탁계약서 제2조 및 제29조 참조).

따라서 피고가 그들의 체납관리비를 대신 부담할 의무를
지는 것이 아니므로, 결국 <u>원고가 관리비청구의 당사자를</u>
<u>잘못 선택한 것입니다.</u>

나. 원고 청구내용의 부당성

이 사건은 당사자 부적격으로 각하 또는 기각되어야 함은
명백하나, 원고가 받아가야 할 금액이 있다며 **<u>일금93,412,</u>**
<u>670원을 청구</u>하므로 당사자 부적격 여부에 상관없이 참고
삼아 그 내용에 대하여도 정당성을 따져 보건데,

첫째, 원고가 청구하는 관리비 속에는 원고가 대납해야 할 의무가
있는 공과금 등 지출비용이 포함되어 있으므로 그 청구한 금원 외
에 어떠한 명목이든 별도로 추가하여 중복 청구할 수 없습니다.

그렇다면 보건데, 원고가 청구할 금액에서 **원고의 책임 있**
는 미지급금 중 피고의 부채로 남을 수밖에 없는 금액 등
을 상계할 경우, 아래와 같이 오히려 원고가 피고에게 일
금2,830,870원을 지불해야 합니다. (을제2호증.정산자료)

(1) 원고가 받아야할 총 금액 총₩264,932,920원 --- (ㄱ)

　　가. 전 관리회사에서 원고가 인수한 부채: 27,658,900원

　　　　(전기, 수도료 등 미납부채, 소장퇴직금)

　　나. 계약기간 중 발생한 비용(관리비): **233,627,720원**

다. 계약기간 발생한 분할청구금 잔액(E/V수리비):
3,646,300원

(2) 상계해야 할 금액   (267,763,790원) --- (ㄴ)

가. 전 관리회사부채의 청산 피고 지원금: 16,566,000원

나. 원고가 미납한 전기료(2016.1.19.현재): 41,233,370원

다. 원고가 미납한 수도료(2016.1.19.현재): 2,977,360원

라. 원고가 받았거나 청구소송 중인 관리비: 206,987,060원

(3) 정산금액(부족분)   (-2,494,902원)

264,932,920원(ㄱ) - 267,763,790원(ㄴ)

= (-2,830,870원)

그 외 원고가 소장에서 나열한 청구내용은 논할 가치도 없는 엉터리주장들 뿐이며, 특히 원고의 소장 제4항에서 **"세화자산관리(주)와의 인수인계금으로 3,000,000원을 지원해주었고 계약해지가 됨에 따라 지원한 금원을 피고는 원고에게 반납할 의무가 있습니다."**라고 주장하는 것은, 원고가 피고 몰래 전 관리회사인 소외 ***********(주)에게 자신에게 관리권이 넘어오도록 도와달라며 건넨 **형법 제357조 제2항의 배임수증재 성격의 불법거래자금**으로서 원고 자신이 저지른 범죄행위의 고백일 뿐, 아무 것도 아닙니다. 따라서 **만약 원고가 스스로 이 사건 소를 취하하지 않을 경우, 피고는 원고에게 그 일금2,830,870원을 청구하는 반소를 제기할 것**입니다.

둘째, 원고는 관리계약 기간 중에도 승강기 기술점검을 포기하고 전기료, 수도료 등의 대납의무도 이행하지 않아 수탁자로서의 의무를 위반하였을 뿐 아니라 자신의 경영사정에 의하여 계약을 해지한 반면, 피고는 위탁자로서의 의무

를 다하였을 뿐 단 한 번의 계약위반도 없었습니다.

더군다나 원고는 관리비를 청구, 징수하면서 구분소유자 등이 체납할 것에 대비하여 그 손해예정액으로 연체료를 부과, 징수하였으므로 이 사건 원고는 피고에게 어떠한 손해배상에 해당하는 금액도 청구할 수가 없습니다.

2. 결론

위 살펴본 바와 같이 원고는 피고를 잘못 선택하여 청구한 것이기도 할 뿐만 아니라, 이 사건, 청구내용에 있어서도 정당성이 없고 소의 이익마저 없는 청구인 것이므로 각하 또는 기각하여야 할 것입니다.

소 명 방 법

1. 을제1호증.＊＊＊＊＊＊＊＊＊＊＊-각 호 면적
1. 을제2호증.정산자료

2016. 4.   .

위 피고 ＊＊＊＊＊＊＊＊＊＊ (인)

수원지방법원 귀중

6. 준비서면 사례 1

이 사례는 확정된 사건에 대하여 피고(재심원고)가 변호사를 선임하여 재심청구를 한 사건으로 청구인(피고) 측의 절차위반을 지적, 각하 승소판결을 받아낸 사건이다.

다시 말해서 소를 제기한 재심원고의 주장이 옳고 그름을 떠나 재심원고가 소를 제기함에 있어 '재심청구기간'라는 절차를 위반했음을 지적, 별다른 재판도 없이 각하, 승소한 것이다.

'각하'라는 것은 제기한 소송 자체가 절차위반 등으로 부적법하여 내리는 결론의 방법 중 하나이다.

준 비 서 면

사   건 : 20*************지(준재심)   [민사1단독]
준재심원고(피고)   *************** 변호사 *****
준재심피고(원고)   ***************

위 사건에 관하여 준재심피고(원고)는 다음과 같이 변론을 준비합니다.

다   음

1. 본론 전 '서증번호'에 대하여
이 사건 준재심피고(이하 '원고'라 하겠습니다.)가 제출하는 서증번호는 민사소송규칙 제140조 제1항에 따라 이 사건 준재

심 전 원고의 사건번호에 이어 제출합니다.

2. 피고의 재심 청구기간 위반

먼저 민법 제456조(재심제기의 기간)를 보면

"① 재심의 소는 당사자가 판결이 확정된 뒤 **재심의 사유를 안 날부터 30일 이내에 제기**하여야 한다.

② 제1항의 기간은 불변기간으로 한다."

라고 규정하였습니다. 그런데 이 사건 청구사유를 안 날짜를 보면 먼저, 피고가 이 사건 원심이 조정성립으로 확정된 이후 2019.11.04.자 '조정에 갈음하는 이의신청'을 하였으므로 이때는 이미 알고 있었으며 **(피고의 갑제2-4호증_조정에 갈음하는 이의신청 참조),**

또한 동년 12.03.자로 그 사건에 대한 탄원서를 법원에 제출하였으므로 이때도 이미 알고 있었으며 **(피고의 갑제2-5호증_탄원서 참조),**

다시 피고는 동년 12.04.자로 조정결정에 대한 이의신청을 하였으므로 이때 이미 알고 있었습니다 **(피고의 갑제2-6호증_조정결정에 대한 이의신청 참조).** 따라서 **피고가 이 사건 준재심사유를 안 날짜는 아무리 늘려 잡아도 2019.12.04.을 지나지 않았습니다.** 그런데 **이 사건 준재심을 청구한 날짜는 그 날짜로부터 무려 2년10개월27일(총1,057일)이 지난 2021.10.28.자입니다.** 원고는 이에 대한 변명의 기회를 주기 위하여 2021.11.09.자 구석명을 신청하였으나 피고는 지금까지도 답하지 아니하였습니다. 따라서 이 사건은 민법 제456조(재심제기의 기간) 제1항의 불변기간을 **1,027일** 도과하여 청구한 위법한 소이므로, 당연히 각하를 면할 수 없습니다.

3. 재심청구사유 부적법

이 사건 위법한 제소 문제는 변론으로 하더라도 보건데, 피고는 "소장기재 현황도로 도면표시와는 달리 재심원고 소유의 토지의 끝부분이 아닌 중간부분을 현행도로의 경계로 확정하여 재심원고의 토지를 양쪽으로 분리시켜 쓸모없게 만들었습니다. 이는 (민사소송법, 이하 '법'이라 약칭하겠습니다.) 제451조 제1항 6호의 판결의 증거가 된 문서(소장첨부 현황도로 도면)를 위조하거나 제9호에 판결에 영향을 미친 중요한 사항(재심원고 토지의 끝부분이 현황도로에 포함되게 한다는 내용)에 관하여 판단을 누락한 때에 해당됩니다."

라고 주장하였습니다. 그렇다면 먼저

가. 법 제451조(재심사유) 제1항 6호에 관하여

(6. 판결의 증거가 된 문서, 그 밖의 물건이 위조되거나 변조된 것인 때)

이 사건 원심의 경우, 원고가 제출한 증거가 위조 또는 변조되었다. 라는 증거는 전혀 없을 뿐만 아니라, **오히려 이 사건 피고가 제출한 갑제3-1호증 소장 9쪽 별지의 붉은색 빗금 선은 피고가 변조한 것**입니다.

살피건데, 이 사건 원심 소장에 첨부된 별지(갑제12호증_원심_별지1_현황도로도면)를 보면 ⑧,⑨,⑰,⑱,⑧ 점을 순서대로 연결한 검은 선 안쪽부분이 이 사건 원고가 청구한 주위토지통행권 확인 대상인 승역지 부분이며, 그 부분 위쪽으로 이어져 있는 흰색선이 ⑧,⑨번을 연결한 검은 선과 함께 삼각형부분을 이루고 있는 것을 볼 수 있습니다. 바로 이 부분도 피고 소유 토지로서 이 사건 피고가 주장하는 주위토지통행권 성립으로 인하여 나누어지게 된 자투리토지입니다 [갑제12호증_원심_별지

1_현황도로도면 및 (피고제출)갑제2-1호증_소장 10쪽 참조].

따라서 이 부분은 원래 소 제기 시부터 이미 피고가 알고 있던 사항으로서 조정성립 후 측량을 하고 알게 되었다. 라는 피고 주장은 거짓입니다.

결국 이 사건 피고의 재심청구는 각하 또는 기각을 면할 수밖에 없습니다.

나. 법 제451조(재심사유) 제1항 9호에 관하여

(9. 판결에 영향을 미칠 중요한 사항에 관하여 판단을 누락한 때)

이 사건 원심은 판결로 종국된 것이 아니라 양 당사자의 합의를 기초로 일체의 가감 없이 조정성립된 사건입니다 (갑제16호증_조정기일조서 및 갑제17호증_조정조서 참조).

뿐만 아니라 원심의 소장에 첨부된 별지도면에서도 자투리땅이 발생되는 것으로 되어 있습니다 (갑제12호증_원심_별지1_현황도로도면 참조). 다만 그 부분이 실제 위치와 어느 정도 차이가 있을 수 있으므로 정확한 경계와 면적은 측량을 하여 확정하도록 합의하였을 뿐만 아니라, 조정기일조서에는 양 당사자가 확인, 서명한 문서를 첨부하였으므로 판결에 영향을 미칠 중요한 사항을 누락한 부분이 있을 수 없습니다 (갑제16호증_조정기일조서 참조).

결국 이 사항에 대하여도 이유가 없습니다.

4. 결론

이 사건 준재심청구는

첫째, 불변기간인 제소기간을 준수하지 못한 위법한 청구이며,

둘째, 주장하는 사유 또한 청구이유가 될 수 없습니다.

따라서 이 사건 청구는 각하 또는 기각하여야 할 것입니다.

입 증 방 법

1. 갑제12호증_원심_별지1_현황도로도면
1. 갑제13호증_지적측량성과도(19.11.01.자)
1. 갑제14호증_갑제1-2호증의 진본
1. 갑제15호증_갑제3-1호증의 진본
1. 갑제16호증_조정기일조서
1. 갑제17호증_조정조서

2022. 03.   .

위 준재심피고(원고) **************0)

대전지방법원 서산지원 민사1단독 귀중

7. 준비서면 사례 2

이 사건은 필자 측이 100% 패소할 수밖에 없는 소송을 당하였으나 재판 도중 상대방의 중복소송 및 소 취하로 인한 실수로 재소금지위반을 주장, 57%를 감액, 합의된 사건의 준비서면이다.

따라서 이 준비서면의 주장 내용은 원고의 절차문제를 지적하는 것으로 일관하였다.(앞의 답변서보다 적극적인 내용임)

이 사건의 사례에서도 보면, 민사소송이 법적으로 옳은 자만이 이기는 게임이 아니라는 사실, 섣불리 아는 것은 모르는 것만 못하다. 라는 사실의 교훈을 뼈저리게 느낄 수 있다.

준 비 서 면

사건명 : <u>2016 가단 ******</u> 관리비   [민사 3 단독]
원   고 : 주식회사*******
피   고 : *******단

  위 사건 피고는 다음과 같이 변론을 준비합니다.

다   음

1. 원고의 같은 사건 소 취하문제 등
  가. 원고의 중복사건 자백

이 사건 원고는 2017.05.08.자 준비서면 제1쪽에서

"원고는 제소 또는 이중청구에 관하여 피고의 지속적인 문제제기로 인하여 소외 ******과의 소를 취하한 바 있으며(갑제16호증-소취하증명원), 소외 ******과의 재판(갑제18호증.인천지법 부천지원 2016가단*******)에서 해당 재판부는 관리단에게 청구하는 것이 옳다고 판결을 내린 바 있습니다. (갑제18호증-소외 ******* 1심판결문을 첨부합니다.)"라며, **'이 사건'과 '소 취하된 ******과의 사건'이 동일사건임을 자백**하고 있습니다. 따라서 이 사건은, 민사소송법 제259조(중복된 소제기의 금지)에서 규정한 중복제소금지에 해당한 **'부적법한 소'**였던 것입니다.

나. 원고의 같은 사건 '소 취하'와 재소금지

그런데 원고는 그 중복된 같은 사건 하나를 **종국판결 후에 '소 취하**(갑제16호증-소취하증명원)'를 함으로써 중복제소금지 저촉문제는 치유될 수 있다손 치더라도 민사소송법 제267조(소취하의 효과) 제2항의

"② 본안에 대한 종국판결이 있은 뒤에 소를 취하한 사람은 같은 소를 제기하지 못한다."

라는 규정에 따라 이 사건 재소금지에 저촉될 수밖에 없는 것입니다.

따라서 이 사건은 어느 모로 보더라도 각하를 피할 수 없습니다.

다. 해결방안에 관하여

이 사건 관련한 문제를 해결하기 위하여는 원고와 관리비체납 채무자(피고 구분소유자 *******) 간에 **'피고가 *******을 상대로 같은 소를 제기함을 허락'**하는 데 합의하여야 하고, 다시 원, 피고 간에 채권양도 약정을 맺어야 합니다.

이와 관련하여 원고는 2017.05.18.자 내용증명으로 피고에게, "발신인(원고)은 필요에 따라 수원지방법원 2016가단18650 (이 사건을 말함) 에 관하여 소외 *******에게 협조공문을 보낼 것." (을제15호증_협의요청에 대한 원고 답변)이라는 의견을 보내왔으며, 피고와의 다른 협의는 모두 거부하였습니다. (을제15호증_협의요청에 대한 원고 답변)

따라서 이 사건은 일단 각하되고 난 후, 그와 별도로 원고와 ******* 간의 협의에 따라 해결해야만 합니다.

2. 결론

이 사건은

첫째, 원고는 피고에게 피고 구분소유자의 체납관리비채권을 피고로부터 양도받았으므로 피고 당사자를 잘 못 선정한 부적법한 소였습니다.

둘째, 이 사건은 민사소송법 제259조를 위반한 중복제소였으며, 원고는 이 사실을 자백하였습니다. 따라서 원고가 소 취하한 사건(갑제16호증-소취하증명)과 이 사건은 같은 동일사건입니다.

셋째, 이 사건은 중복사건 중 하나를 종국판결 후에 소 취하를 하였으므로 민사소송법 제267조(소취하의 효과) 제2항의 재소금지 규정을 위반한 부적법한 소의 사건입니다.

따라서 이 사건은 부적법한 소로서 각하를 면할 수 없습니다.

소 명 방 법

1. 을제14호증_피고의 협의제안서
1. 을제15호증_협의요청에 대한 원고 답변

2017. 05.   .

위 피고 엔*******단 (인)

수원지방법원 민사3단독 귀중

8. 구석명신청서 작성 사례

이 사례는 소를 제기한 자에게 원고의 중요한 사실을 확인받기 위해 구석명을 신청하여 그것을 근거로 각하판결을 받아낸 사건이다. 구석명 신청서를 쓰는 경우 그 요령을 긴요하게 참고할 수 있다.

'구석명신청'은 상대 당사자가 감추고 싶어 하는 내용이나 증거 등을 해명하거나 토해내도록 법원을 통해 요구하는 절차(신청)이다. 이를테면 상대가 명백한 거짓말을 하고 있거나 교통사고로 인한 분쟁 시 상대방만이 가지고 있는 블랙박스 영상을 제출하지 않을 경우 등에 있어 그것에 대하여 해명을 요구하거나 제출하도록 요구하는 것이다.

구석명신청서에는 특별한 형식은 없지만 매우 유용하게 활용할 수 있으므로 기억해 둘 사항이며, 이 신청서는 통상 다음의 두 가지 사항으로 신청한다.

1. 구석명 신청사항(신청취지)
2. 구석명 신청 이유

구 석 명 신 청 서

사　　　　　건 : 202********* 토지(준재심)　　[민사1단독]
준재심원고(피고)　************* 변호사 *************
준재심피고(원고)　*************

　위 사건에 대하여 원고(준재심피고)는 다음과 같이 구석명을
신청합니다.

다　　음

1. 구석명 신청사항

　가. 피고(준재심원고)는 준재심 청구원인에 대하여
　　　"재심피고는 소장에 첨부한 현황도로의 도면이 재심원고
　　　소유의 토지의 끝부분에 해당하는 것처럼 표시를 하여 재
　　　심원고도 이를 믿고 재심원고 토지의 끝부분이 현항도로에
　　　포함되는 것으로 알고 조정에 응하였습니다. 그런데 재심
　　　피고는 소장기재 현황도로도면표시와는 달리 **재심원고 소
　　　유토지의 끝부분이 아닌 중간부분을 현행도로의 경계로 확
　　　정하여 재심원고의 토지를 양쪽으로 분리시켜 쓸모없게 만
　　　들었습니다.**"
　　　라며, 이는 **민사소송법 제451조 제1항의 제6호 및 제9호에
　　　해당하는 것**이라고 이 사건 소 제기 이유 및 원인을 명확
　　　하게 밝히면서 그 움직일 수 없는 증거(서증)로 다음과 같
　　　은 서증을 제출하였습니다.

갑제1-1호증_현황도로(소장첨부),

갑제2-5호증_탄원서,

갑제2-4호증_조정에 갈음하는 이의신청서,

갑제2-6호증_조정결정에 대한 이의신청

그렇다면 피고(재심원고)는 **"재심원고 소유토지의 끝부분이 아닌 중간부분을 현행도로의 경계로 확정하여 재심원고의 토지를 양쪽으로 분리되었다."**라는 사실을 언제 알고 위 서증을 제출한 것인지 서면으로 밝혀 제출하여주실 것을 신청합니다.

나. 피고(재심원고)는 원고가 위조하였다. 라고 제출한 갑제1-2호증_현황도로도면(**** 상대소장첨부) 및 갑제3-1호증_소장 제9쪽 도면을 서증으로 제출하였습니다. 그렇다면

첫째, 준재심원고는 갑제1-2호증_현황도로도면(**** 상대소장첨부) 및 갑제3-1호증_소장 제9쪽 도면 중앙에 붉은 펜으로 빗금을 그은 부분이 있는바, 이를 누가 그어 변조한 것인지 밝혀 제출하여주실 것을 신청합니다.

둘째, 그 서증은 누가, 어디서, 어떻게 수집하였는지를 제출하여주실 것을 신청합니다.

2. 구석명 신청 이유

위 제1항 가목에 대하여는 이 사건 재심의 소 제기 기간에 관계되는 것이므로 이 사건 소를 심리하기 전에 재판부에서 직권으로 먼저 조사해야할 사항입니다. 따라서 그 사실관계를 먼저 밝히는 것이 선결문제로서 중요한 것입니다.

또 제1항 나목에 관하여는, 피고(재심원고)는 원고가 서류를 위.변조하였다. 라고 주장하지만, 실제에 있어서는 피고(재심원

고)가 제출한 갑제1-2호증_현황도로도면(**** 상대소장첨부)
및 갑제3-1호증_소장 제9쪽 도면이 변조된 것입니다. 이는 이
미 모두 법원에 제출되어 있는 문서이기 때문에 조사하면 그
진부를 금방 알 수 있는 사항이며 실제 원고가 대조해본 결과
피고가 위.변조한 것이 명백히 밝혀지고 있습니다. (이는 최종
적으로 재판부의 확인 절차가 필요할 것으로 사료됩니다.)
하지만 그것이 밝혀진다 해도 누가 그것을 위조한 것인지는
알 수 없으므로 제출자 스스로 밝혀야 할 것이며, 이는 소송
사기와 직접적으로 관련 있는 사항으로서 그 범인을 밝히는
것은 매우 중요합니다. (밝히지 않을 경우, 대리인께서 억울한
누명을 쓰실 수도 있으므로 더욱 중요합니다.)

2021.11.09.

위 지출인 원고(재심피고)　************

대전지방법원 서산지원 민사1단독 귀중

9. 문서제출명령신청서

이 문서는 재판에 앞서 증거를 확보하기 위하여 중요증거를 제출할 것을 법원을 통해 신청한 사례임. 법원을 이용하여 결정적 증거를 확보하는 방법을 소개, 그 쓰는 요령을 참고할 수 있을 것이다.

이 문서제출명령은 사실조회신청서보다도 더욱 강력한 명령이므로 웬만한 이유로는 거부하지 못한다.

문서제출명령신청서

사 건 번 호 ************   손해배상   [소액1단독]
원 고 (이름) ************
피 고 (이름) ************

위 사건에 관하여 원고는 주장사실을 입증하기 위하여 다음과 같이 문서제출명령을 신청합니다.

다   음

1. 문서의 표시 :
2022. 10. 04. ************ ************부근에서 일어난 교통사고 당시 촬영된 경기9************탑차 부착 블랙박스 영상 중 최소 충돌 10초전부터 충돌 5초 후까지의 멀티미디어동영상자료(컴퓨터파일)

---

2. 문서의 취지(내용)

사고 당시와 그 전후에 대한 피고차량의 진로 및 위치와 사고 정황을 확인하고자 합니다.

3. 문서를 가진 사람

경기도 화성시 ************

화재해상보험주식회사(대표이사 사장 홍) 오산 보상부

4. 증명할 사실

원고 및 피고 차량의 법률위반 및 사고 원인과 책임자 판별

5. 문서제출의무의 원인(해당란에 ✔표시)

☑ 당사자가 소송에서 인용한 문서(인용문서)

☑ 그 밖에 제출이 필요한 문서

사유 : 이 사건 사고 당시 및 그 전후가 촬영된 유일한 영상자료임

2022. 12. .

신청인 원고　　　************ (날인 또는 서명)

　　　　　　　(연락처) ***********

수원지방법원 오산시법원 소액1단독 귀중

10. 사실조회신청서

이 문서는 채무자의 이름, 주소, 생년월일 등 아무런 인적사항도 알 수 없을 경우 그 상대방을 알아내기 위하여 법원에 제출한 문서임. 상대방을 알아야 당사자를 확정할 수 있고 그래야만 소송이 이루어지고 진행될 수 있기 때문에 매우 중요한 문서임.

하지만 이 사실조회신청은 문서제출명령보다 강제력이 약하여 특별한 경우 거부할 수도 있다.

사실조회신청서

사　　　건　　**********　　손해배상
원 고 (이름)　　**********
피 고 (이름)　　미상
　　(연락처)　HP. **********

위 사건에 관하여 피고의 인적사항 등을 확정하고 사건의 결정적 증거를 확보하기 위하여 다음과 같이 사실조회를 신청합니다.

다　　음

1. **사실조회의 목적**
　가. 본 사건 피고 당사자 정보를 확정하고자 합니다.
　나. 사실관계를 분석할 중요한 증거를 미리 확보하고자 합니다.

---

2. **사실조회 기관**

    서울특별시 ************

    삼성화재해상보험주식회사

    대표이사 사장 ******

3. **사실조회 사항**

    가. 2022.10.04. ************고속도로 교통사고 ********
        ****운전자의 성명, 주민등록번호, 주소

    나. 사고 당시 차량에 부착되어 녹화한 블랙박스 동영상 파일

               2022. 10.   .

    신청인 원고   *********** (날인 또는 서명)

           (연락처) ***********

수원지방법원 오산시법원 귀중

11. 당사자 표시정정신청서

이 문서는 채무자 인적사항을 알지 못해 일단 소를 제기한 다음, 사실조회신청서를 제출하여 회답 온 사항을 근거로 다시 알지 못해 미상으로 남겨두었던 채무자의 인적사항을 적시, 당사자를 표시, 소장의 피고를 확정한 문서이다.

당사자 표시정정신청서

사　　건 2　＊＊＊＊＊＊＊＊＊＊＊　손해배상　　　　[소액1단독]
원 고 (이름)　＊＊＊＊＊＊＊＊＊＊＊
피 고 (이름)　미상

　위 사건에 관하여 원고는 다음과 같이 당사자 표시정정을 신청합니다.

다　　음

1. **정정 전 피고 당사자의 표시**
　　피고 (이름) 미상
　　　　(연락처) HP. ＊＊＊＊＊＊＊＊＊＊＊
　　피고 (주민등록번호) 미상
　　피고 (주소) 미상

2. **정정 후 피고 당사자의 표시**
　　피고 (이름) ＊＊＊＊＊＊＊＊＊＊＊

(연락처) HP. 010-***********
피고 (주민등록번호) ***********
피고 (주소) 경기도 수원시 ************

2022. 12.   .

신청인 원고   *********** (날인 또는 서명)

수원지방법원 오산시법원 귀중

12. 사건 이송신청서

이 문서는 제소한 자가 자신의 소재지인 부천 법원에 소를 제기하였으나, 소송을 당한 피고 측은 피고 측의 관할 법원인 오산시법원으로 이송신청을 한 문서이다. 따라서 그 후 오산시법원에서 재판을 받아 한층 편리하게 소송을 진행, 승소한 사례이다.

이런 경우 이송신청을 할 법적 근거가 필요하므로 이때에도 법률구조공단의 도움을 받으면 매우 유익할 것이다.

사건이송신청서

사 건 명 : 2********** 구상금   [민사11단독(소액)]
원　　고 : 주식회사**********
피　　고 : **********

신 청 취 지

1. 본 사건을 수원지방법원 오산시법원으로 이송한다.
라는 결정을 구합니다.

신 청 이 유

민사소송법 제2조(보통재판적)에는 "소(訴)는 **피고의 보통재판적(普通裁判籍)이 있는 곳의 법원이 관할한다.**"라고 정하였고, 또한 이 사건 원인으로 삼고 있는 **갑 제3호증 위수탁계약서 제33조**

제2항(합의관할)에도

"본 계약의 각 조항에 의문이 발생할 때에는 '갑'(피고 ***관리단)과 '을'(원고 주식회사****)의 협의에 의하여 처리하고, 협의가 성립되지 않아 분쟁이 발생할 때의 계약에 관한 소송은 '갑'(피고 ***관리단)의 관할 법원으로 한다."(갑제3호증.위수탁계약서 6쪽)

라고 정하였으므로 이 사건 관할은 피고(경기도 *************, ***********동)의 소액재판 관할인 수원지방법원 오산시법원입니다. 따라서 **이 사건 수원지방법원 오산시법원으로 이송하여 주실 것을 신청합니다.**

2021. 11. 04.

신청인 피고 *********** (인)

인천지방법원 부천지원 귀중

13. 증인신청서

당사자의 사실관계를 입증해줄 필요가 있는 증인이 법원에 나와서 증언해줄 것을 요청할 경우, 재판부의 허락을 받아 신청하는 서식이다.

증인신청을 할 경우 증인에 대한 출석 여비·교통비를 선납하여야 하는데, 만약 자신이 직접 증인을 데리고 출석할 경우는 '대동증인'이라는 방식으로 신청하면 그 증인에 대한 여비·교통비는 당사자가 직접 지불하게 된다.

증인의 증언은 특별한 사정이 있어서 제3의 장소에서 그 증언을 녹음하고 그것에 대한 녹취록을 작성한 다음 증인과 함께 공증사무소에 가서 공증을 받아 제출하는 방법도 있기는 하다. 하지만 이것은 법원에 증인이 나와 선서한 다음 증언하는 것보다는 증명력에 있어 약하다.

증 인 신 청 서

제1**********(나)

1. **사건** : 201********** 회사에 관한 소송

2. **증인의 표시**

이　름	**********			
생년월일	당 **********세			
주　소	경기도 화성시 **********			
전화번호	자택		사무실		휴대폰	(010)*** ****
원·피고 와의 관계	원고와 같은 건물 **********전유자			

3. **증인이 이 사건에 관여하거나 그 내용을 알게 된 경위**

   이 사건 관리단 집회에 참석한 자로 집회 전 소집통지서를 발송한 자임.

4. **신문할 사항의 개요**

   ① 이 사건 소집통지서를 모든 구분소유자들에게 발송하였는지 여부

   ② 특히 원고 전유부분 점유자 또는 우편함에 발송하였는지 여부

5. **희망하는 증인신문방식(해당란에 "v" 표시하고 희망하는 이유를 간략히 기재)**

   □ 증인진술서 제출방식

☑ 증인신문사항 제출방식

□ 서면에 의한 증언방식

이유 : 원고측과 연락이 쉽게 되고 증인으로 참석할 의사를 밝혔음

6. 그 밖에 필요한 사항

'대동증인'임.

2017. 5.   .

피고 보조참가인 **********㉑

수원지방법원   귀중

1. 증인이 이 사건에 관여하거나 그 내용을 알게 된 경위는 구체적이고 자세하게 적어야 합니다.
2. 여러 명의 증인을 신청할 때에는 증인마다 증인신청서를 따로 작성하여야 합니다.
3. 신청한 증인이 채택된 경우에는 법원이 명하는 바에 따라 증인진술서나 증인신문사항을 미리 제출하여야 하고, 지정된 신문기일에 증인이 틀림없이 출석할 수 있도록 필요한 조치를 취하시기 바랍니다.

14. 현장검증신청서

판사 등 법원 관계자가 직접 현장에 나와 사실관계를 검증받고자 할 때 신청한다. 상당한 비용이 들어간다는 것도 감안할 필요가 있다.

하지만 그것이 필수적으로 승패에 영향을 미치는 경우라면 비용을 들여서라도 반드시 신청하여야 하고 승소했을 경우 상대 당사자로부터 반환받아야 할 것이다.

요즘은 멀티미디어가 발달한 관계로 재판부가 승낙하면 현장을 동영상으로 촬영하여 이를 증거로 제출하는 방식도 많이 사용하고 있다.

현장검증신청서

사　　건　************ (*******)　　　　　　　[제2민사부]
원　　고　************
피　　고　************

위 사건에 관하여 원고는 아래와 같이 현장검증을 신청합니다.

1. 검증의 목적
이 사건 관련 강제조정(같은 법원 2************)에서 "원고가 청구를 포기하라."라는 내용의 '조정을 갈음하는 결정'을 2022.04.27.자 송달받았는바 원고는 이에 이의신청을 하였습니다.

따라서 본안으로 되돌아온 이 사건, 원심의 판결이유로 적시한 충남 태안군 ************(이하 '***********'라 약칭하겠습니다.) **** 및 황촌리 ****번지 등 어느 것을 통한다 하더라도 원고 소유 요역지인 ************에서 이 사건 청구토지인 ************(피고 소유, 승역지)를 통행해야만 공로에 출입할 수 있다. 라는 사실을 현장을 통해 검증하여 원고에게 이 사건 청구 피고 토지에 대한 주위토지통행권 성립 조건을 확인하고자 합니다.

2. 검증할 장소

가. 충남 ************
나. 충남 ************
다. 충남 ************ (이 사건 승역지)

3. 검증할 사항

가. 원심 판결과는 달리 ************는 공로로 출입할 수 있는 통로가 연결되어 있지 않다. 라는 사실

나. 원심 판결과는 달리 ************이 같은 통로로 연속되어 있어 ******을 통한다 하더라도 이 사건 청구 승역지인 ************를 통로로 하지 않고는 원고 소유의 ******에서 공로에 출입할 수 없다는 사실

다. 이 사건 청구 토지(전, 현황도로, 승역지)인 *********** 일부를 경유하는 통로 외에는 원고 소유 ************ 와 공로사이에 그 토지의 용도에 필요한 통로가 없는 경우에 해당되어 원고에게 피고 토지 ************ 일부에 대한 주위토지통행권이 있다. 라는 사실

2022. 04. 27.

위 원고   *********** (날인 또는 서명)

(연락처 : 010***********)

대전지방법원 *********귀중**

15. 증인신문사항

실제로 승소한 재판에서 증인을 심문할 때에 쓴 것임.

이 경우도 앞에서 설명한 바와 같이 승패에 결정적으로 영향을 미치거나 상대방의 저항이 만만치 않을 것으로 예상되는 항목은 미리 노출되지 않도록 따로 준비하였다가 1차적으로 신문과 반대신문이 끝난 후, 그때에 추가로 (증거가 있으면 그 증거를 보여주면서)신문하는 매우 고도의 작전을 구사할 수도 있다.

이러한 방식은 누구도 가르쳐주지 않는 이 책의 필자만이 가르쳐주는 비법인 것이다.

이 사례에서는 신문할 때 증거를 보여주면서 신문하는 방식의 신문사항도 볼 수 있다. 이러한 자료는 어디서도 구할 수 없다.

증인 *******에 대한 신문사항

사   건 : 201************   제 민사부(나)
원   고 : 주식회사************
피   고 : 수************

1. (문) 증인은 *************을 운영하는 임차인입니까?
   (답)

2. (문) 증인은 보조참가인 *************과 어떤 특별한 관계
       를 맺고 있나요?
   (답)

3. (문) 증인께서는 원고인 *************과 어떠한 관계인가요?
   (답)

   (을제21호증.집회소집통지서 전달자사실확인서를 보여주면서)
4. (문) 증인께서는 ************* 등으로부터 미리 작성된 집
       회소집통지서를 발송하라는 부탁을 받고 각 구분소유자
       들, 다시 말해서 원고 *************을 비롯하여 ***
       *********** 등 사람이 있는 점포에는 직접 전유부분이
       있는 장소로 발송하여 전달하였다는 것이 사실인가요?
   (답)

5. (문) 사람이 없거나 문이 닫혀있는 곳에는 어떻게 발송했나요?
   (답)

6. (문) 원고와 몇몇 사람들은 우편함에서 소집통지서를 보지 못
　　했다고 하는데 증인께서 발송한 사실을 어떻게 증명할
　　수 있나요?

(답)

(을제23호증. 집회소집통지서 우편함확인서를 보여주면서)

7. (문) 이 (우편함)확인서에는 확인자의 이름과 전화번호까지 적
　　혀있는데, 이 확인서는 무엇입니까?

(답)

8. (문) 다시 한 번 확인하겠습니다. 집회소집통지서를 단 한 군
　　데도 빠짐없이 발송한 것 맞습니까?

(답)

201 . 0 . .

작성자 보조참가인 ＊＊＊＊＊＊＊＊＊＊＊＊＊ (날인 또는 서명)
연락처 : 010-＊＊＊＊＊＊

수원지방법원 민사부(나) 귀중

16. 반대신문사항

이 사례는 반대신문에 대한 작전을 잘 짜내어 오히려 그의 증언이 유리하게 작용, 승소하게 된 사례이다.

반대신문의 경우, 증인을 혼란에 빠트리는 방식의 작전을 구사할 필요도 있다. 증인 또는 반대신문은 고도의 기술적, 심리적 작전이라는 점을 항상 명심하여야 한다.

여기서는 신문내용을 주제별로 나누어 집중 신문하는 방식을 사용하고 있다. 제1장에서는 가장 먼저 증인의 거짓말 전력을 들추어내어 증언의 신빙성을 약화시키는 심리적인 작전을 펼치고 있다.

뿐만 아니라, 종종 질문을 장황하게 늘어놓아 증인의 증언이 앞과 뒤가 서로 다른 답변을 하도록 유도하기도 한다. 이럴 경우는 질문을 속사포처럼 빨리하는 것보다는 또렷하게 또박또박 논리적으로 하는 것도 필요하다. 증인신문은 모두 녹음되고 녹취록도 작성된다. 라는 사실 또한 기억하여야 한다.

증인 *****에 대한 반대신문사항

사 건 명 : 201******** 관리비   민사1단독

제1장. 증인의 위증 가능성 등 신뢰성 문제에 관하여

1. (문) 증인은 2014년부터 2016년3월까지 ********** 영업관
   련사무를 담당하는 등 피고 ***********주식회사로부터
   임금을 받는 직원이지요?
   (답)

2. (문) 증인은 **원고 대표 ***********에 대한 허위사실의 비방
   문서를 작성**하여 다른 사람에게 전달한 적이 있습니까?
   (답)

3. (문) (갑제42호증_ ********증인의 관리단 **** 비방문서를
   보여주며)
   증인이 작성한 이 문서에는 "지금(2015.4.30.) ********
   을 상대로 (관리인)**자격취소의 소를 제기하고 있는 상태**
   입니다."라고 써져있습니다.
   그렇다면 증인은 원고 대표 ******을 상대로 하여 **관리
   인 자격취소의 소를 제기했던 사실이 있습니까? 아니면
   단순히 원고 대표 *******을 비방하기 위한 내용입니까?**
   (답)

   - **'자격취소의 소를 제기한 적이 없다'라고 답한 경우**
4. (문) 그 문서 말미에는 **"만일 진술 등이 필요한 경우에는 언**

제든지 출석하여 진술하도록 하겠습니다."라고 적었습니다. 이는 법정에서 위증하려 했다는 것인데, 그렇다면 이 법정의 증언도 100% 신뢰할 수는 없겠군요, 맞습니까?

　(답)

　- 자격취소의 소를 제기한 것이 사실이라고 답한 경우

5. (문) 그렇다면 당사자인 저 *******이나 원고인 *****은 소장을 받은 적도, 소송에 참여한 적도 없는데, 그 사건의 결과는 어떻게 되었나요?

　(답)

제2장. 단전되어 사용불능이었다는 주차차단기 불법설치에 관련하여

6. (문) 증인 및 피고 회사는 2014년 2월부터 2016년3월까지 ****** 3층의 주차장 입구에 차량통행차단기를 설치하여 운영하였습니다. 그런데 그 건물 3층 이상에는 피고 ******** 소유의 노외주차장뿐 아니라 건물의 다른 구분소유자들의 부설주차장도 함께 섞여 있어 통행차단기가 설치된 3층 램프 등 통로를 통하지 않고는 주차장을 이용할 수 없습니다. 그렇다면 피고 회사는 그 차단기를 원고 관리단과 공유면적인 통로사용에 대하여 사용계약을 체결하지 않고 무단으로 설치한 것이지요?
　　　만약 계약한 사실이 있다면 당시 관리단에는 대표가 없었는데 언제, 누구와 어떠한 조건으로 계약을 체결하였는지 말씀해 주시기 바랍니다.

　(답)

7. (문) (갑제48호증_지붕층주차장 도면을 보여주면서)

*** 건물 3층 이상의 층에는 **피고**********의 노외주차장뿐**만 아니라, 다른 **구분소유자들의 지분인 부설주차장**과 건물 관계자 **누구나 이용할 수 있는 옥상의 공용주차장**도 설치되어 있습니다. 그렇다면 그곳마저도 피고 회사가 통제하여 자유롭게 이용하지 못하게 한 목적이 무엇인가요?

(답)

8. (문) 피고 회사가 이 사건 주차장 공용통로를 관리단 허락 없이 불법으로 막아 차단기를 무단 설치하여 무인시스템으로 운영하였던 것은 피고 회사의 영업의 이익을 극대화하기 위한 목적이지요?

(답)

제3장. 증인의 이 사건 주차장의 주차권 대금 횡령 등 횡포에 대하여

9. (문) (갑제41호증_주차권***********_구제***********확인증을 제시하며)

증인은 증인 회사명의로 원고 건물 점유자 등에게 주차권을 판매하였으나, 주차장 임대차계약해지 후 철수한 후에도 남은 주차권 대금을 반환해주지 않았습니다. 이에 당사자들이 억울함을 호소하며 회사에 알아보니 판매한 자들이 회사에 입금하지 않고 횡령하였다는 사실을 알게 되었습니다. 따라서 소비자원에 진정하였고 그제서야 반환을 받을 수 있었습니다.

증인은 이러한 횡령사실을 인정하시겠습니까, 아니면 이마저도 부인하시겠습니까?

(답)

제4장. 단전 사실 여부에 관하여

10. (문) (갑제47호증_피고**********퇴실통보서 및 갑제50호
증_2016년2월**********통보서를 보여주며)

이 문서는 피고 회사가 원고 건물에서 철수하면서 원고
관리단에 통보한 문서와 원고 관리단이 단전이라고 주
장하는 시기에 피고 회사에 보낸 관리비 인상통보서입
니다. 그런데 여기에는 피고 회사가 철수하는 이유로
임대차계약해지만을 들고 있을 뿐입니다.

만약 피고와 증인의 주장대로 실제 단전이 있었다고 한
다면, 경험칙상 단전 때로부터 철수하는 기간까지, 또는
그 이후라도 내용증명 등 어떠한 방법으로라도 원고에
게 책임을 추궁하거나 단전을 풀어달라고 요청하거나
단전으로 피해를 입었으니 관리비인상은 부당하다. 라
는 등 항의를 하였을 것입니다.

그런데도 피고 회사는 퇴실 이유로 임대차계약의 해지
를 들었을 뿐 원고가 이 사건 소를 제기하기 전까지 원
고에게 내용증명 등 문서로 항의를 하거나 전기를 사용
할 수 있도록 단전을 풀어달라거나, 또는 책임추궁을
한 내용의 문서가 전혀 없었습니다. 맞습니까?

(답)

11. (문) (을제1호증의 1-2. 진술서 중 메시지내용을 보여주면서)
위 메시지를 보면, 증인이 원고 대표***********에게

관리단에서 조치하신 사항은 엄연히
불법행위이며 영업방해 행위입니다.
관련법규에 의거 조치할 예정입니다.
오후 2:55

라며, 원고가 단전을 시켰다면 관련법규에 의거 조치할
예정이라고 분명하게 밝혔고, 이에 대하여 원고 대표 *
**********은 증인에게 명확하게

우리 관리단은 단전을 한 적 없지만
형사고발까지 고려해주심 감사하겠습니다.
MMS
오후 4:53

라고 부탁하였는데. 이는 실제로 단전을 시켰다면 형사
문제가 될 경우 민사와 달리 사실관계와 책임소재를 즉
시 확인할 수 있었기 때문이었습니다.

그렇다면, 증인 또는 피고의 주장대로 실제 단전으로 인
하여 영업을 중지해야할 지경이었다면 고소까지는 몰라
도 최소한 경찰에 신고라도 했어야 한다는 것이 **증인이
보낸 메시지**를 보아도 그렇고 **우리의 경험법칙상 명백
하다 할 것**이고, 그렇게 하지 않았다면 단전이 없었다고
볼 수밖에 없습니다.

하지만 증인 또는 피고 회사에서는 그토록 급박한 영업
중지사태가 있었다면서도 이를 해결하기 위해 원고 대
표를 형사 고소 또는 경찰에 신고한 사실이 전혀 없었
습니다. 맞습니까?

(답)

12. (문) 혹시 '원고가 단전시켰다.'라고 주장하는 2016년2월 이
전에 피고 회사 직원들이 주차장 차단기를 올려 정지시
킨 적이 있었나요?

(답)

13. (문) (갑제36호증_동파사고직후 주차장 점등사진 및 갑제49
호증_현재의 주차장 점등사진을 보여주며)
이 동파사고직후 주차장 점등사진을 보면 피고 회사의
전화번호가 보이고 차단기가 올라가 있는 것으로 보아
증인과 피고가 '단전되었다.'라고 주장하던 시기의 사
진임을 알 수 있습니다. 또 갑제49호증_현재의 주차장
점등사진은 현재 소외 '**********'라는 회사에서 운
영하고 있는 ********** 주차장 사진입니다.
그런데 이 두 사진을 보면 모두 똑같은 위치의 형광등이
켜져 있는 것을 볼 수 있고 단지 동파 직후의 사진에서는
차단기만 올라가 정지되어 있는 상태의 모습입니다. 뿐만
아니라 그 동파당시 이후 주차장을 출입하는 어느 누구도
전등이 꺼졌다고 민원을 제기하는 사람이 없었습니다.
그렇다면 증인과 피고 회사에서 주장하는 단전은 차단
기가 단전되었다는 것인가요, 아니면 전등을 포함한 모
든 주차장의 전원이 단전되었다는 것인가요?

(답)

14. (문) 증인은 2016년 2월 당시 원고가 단전을 시켰다. 라고
주장만 하였지 명백한 증거는 하나도 제출하지 않고 있
습니다. 반면에 원고는 원고가 단전을 시키지 않았다는
여러 개의 직, 간접증거를 제시하고 있습니다. 그렇다면

추정만 하였고 확실한 증거는 없는 것 아닌가요?

(답)

15. (문) (갑제40호증_(전기안전관리자)기술소견서 및 갑제34호증
_전기시설점검표를 보여주며)

*** 전기안전관리자가 보내온 이 소견서를 보면, 2016.1.
경 동파 당시 3층 전기설비들이 누수로 인해 젖어있었고 물
기제거작업을 하였으나 배선용차단기를 다시 올릴 수 없는
상태였고 상층부 건축구조물에서 계속 누수와 결빙으로 불
완전한 상태임을 확인하고 **비상전원겸용분전반에서 전원공
급이 유지되고 있는 차단기 쪽으로 선로를 옮기는 작업을 실
시하여 전원공급을 유지하도록 조치하였다. 라고 합니다.**
뿐만 아니라, 실제 전기시설점검표 상에도 단전이 없는
정상상태였음이 입증되고 있을 뿐 아니라, 우리의 경험
칙상 단전이 있었을 경우 즉각 관리단과 현장에 출동하
여 상태를 파악하고 점검하여야 하는데도 그러한 조치
를 하지 않은 사실에 비추어보면, 증인께서 **원고가 단전
을 시켰다. 라고 한 말은 명확한 사실확인 없이 한 주장
이 명백**합니다. 그래도 아니라고 하실 건가요?

(답)

2018. 10.   .

원고 ********** (날인 또는 서명)
연락처 : 010-******

수원지방법원 제1단독 귀중

17. 기일변경신청서

법정에 나가 공방의 변론을 펼칠 여건이 되지 않아 시간이 필요하거나 증거확보를 위한 시간을 벌기 위해 기일변경을 신청한 사례이다. 이 사례에는 **'하계휴가'를 기일변경 원인**으로 하고 있다.

이와 같이 기일을 변경할 필요가 있을 경우, 필요한 사유가 있어야 하는 바, 그 사유는 재판부가 받아들일만한 사유로 증빙을 첨부하면 좋을 것이다. 이를테면, 감기몸살의 경우 의원이나 약국에서 받은 영수증을 첨부하고, 관혼상제, 가족여행 예매권, 지방출장증명서 등도 사유의 증빙이 될 수 있다.

하지만 명백하게 재판을 지연시키기 위한 것으로 보일 때에는 불허할 수도 있다.

기일변경신청서

사 건 번 호   2017 가단 ＊＊＊＊＊＊ 관리비
원   고   ＊＊＊＊＊＊＊단
피   고   ＊＊＊＊＊＊＊외1

　이 사건에 관하여 변론기일이 2018. 08. 07. 10:20으로 지정되었는데, 원고는 다음과 같은 사유로 출석할 수 없으므로, 위 변론기일을 변경하여 주시기 바랍니다.

- 다　음 -

신청사유 : 개인사정 (하계휴가)

2018.　07.　　.

원고　＊＊＊＊＊＊＊단 (날인 또는 서명)
(연락처. 대표 ＊＊＊＊＊＊＊ : 010-＊＊＊＊＊＊＊)

수원지방법원 민사3단독 귀중

제8부

각종 서식

소 장

사 건 번 호	
배당순위번호	
담 당	제 단독(부)

사 건 명

원 고 성명: 주민등록번호(-)

주소:

연락 가능한 전화번호:

1. 피 고 성명: 주민등록번호(-)

주소:

연락 가능한 전화번호:

2. 피 고 성명: 주민등록번호(-)

주소:

연락 가능한 전화번호:

소송목적의 값	원	인지	원
		예납 송달료	원

청 구 취 지

1. 피고는 원고에게 원 및 이에 대하여 소장부본 송달

다음 날부터 다 갚는 날까지 연 12%의 비율로 계산한 돈을
지급하라.
2. 소송비용은 피고가 부담한다.
3. 제1항은 가집행할 수 있다.
라는 판결을 구합니다.

청 구 원 인

1.
2.
3

입 증 방 법

1.
2.

첨 부 서 류

1. 소송비용(인지, 송달료)납부서 각 1부
1. 위 입증서류   각 1통
1. 소장부본   1부

20   .   .   .

원고   서명 또는 날인

휴대전화를 통한 정보수신 신청

위 사건에 관한 재판기일의 지정·변경·취소 및 문건접수 사실을 예납의무자가 납부한 송달료 잔액 범위 내에서 아래 휴대전화를 통하여 알려주실 것을 신청합니다.

■ 휴대전화번호:

20 .   .   .

신청인 원고   서명 또는 날인

※ <u>종이기록사건</u>에서 위에서 신청한 정보가 법원재판사무시스템에 입력되는 당일 문자메시지로 발송됩니다(전자기록사건은 전자소송홈페이지에서 전자소송 동의 후 알림서비스를 신청할 수 있음).
※ 문자메시지 서비스 이용 금액은 메시지 1건당 17원씩 납부된 송달료에서 지급됩니다(송달료가 부족하면 문자메시지가 발송되지 않습니다).
※ 추후 서비스 대상 정보, 이용 금액 등이 변동될 수 있습니다.
※ 휴대전화를 통한 문자메시지는 <u>원칙적으로 법적인 효력이 없으니</u> 참고자료로만 활용하시기 바랍니다.

법원 귀중

◇ 유의사항 ◇

1. 연락 가능한 전화번호에는 언제든지 연락 가능한 전화번호나 휴대전화번호를 기재하고, 그 밖에 팩스번호, 이메일 주소 등이 있으면 함께 기재하기 바랍니다.
2. 소송 인지의 영수필확인서와 송달료납부서를 별지 소송비용 납부서 양식에 첨부하시기 바랍니다.

◇ 조정제도 안내 ◇

1. 조정절차는 당사자 사이의 양보와 타협을 통해 분쟁을 정·공정·신속하고 효율적으로 해결하는 화해적 절차입니다.
2. 조정이 성립되면 확정 판결과 동일한 효력을 얻게 됩니다.
3. <u>수소법원(사건을 담당하는 재판부)은 필요하다고 인정하면 항소심 판결 선고 전까지 사건을 조정에 회부할 수 있습니다.</u> 조정

이 성립하지 않으면 재판절차가 다시 진행됩니다.

4. 조정이 성립한 경우 소장·항소장 등에 붙인 인지액의 2분의 1
에 해당하는 금액의 환급을 청구할 수 있습니다(인지액의 2분
의 1에 해당하는 금액이 10만 원 미만이면 인지액에서 10만
원을 빼고 남은 금액).

별지

소송비용납부서

소송 인지 영수필확인서 붙이는 곳

예납 송달료납부서 붙이는 곳

※ 인지, 예납 송달료납부서 첨부 시 풀을 사용하시고 스테플러
  사용은 자제하여 주시기 바랍니다.

소 취 하 서

[담당재판부: 제   민사부(단독)]

사   건   20   가단(합, 소)

원   고

피   고

이 사건에 관하여 원고는 소를 전부 취하합니다.

                      20   .   .   .

                      원고   서명 또는 날인

                      연락 가능한 전화번호:

피고는 원고의 소취하에 동의합니다.

                      피고   서명 또는 날인

                      연락 가능한 전화번호:

제출자:

관계:

생년월일:

제출자의 신분확인   서명 또는 날인

법원 귀중

◇ 유의사항 ◇

1. 소취하 효과가 발생하면 민사소송 등 인지법 제14조에 따라 소장에 붙인 인지액의 1/2에 해당하는 금액(인지액의 2분의 1에 해당하는 금액이 10만원 미만이면 인지액에서 10만원을 빼고 남은 금액)의 환급을 청구할 수 있습니다. 다만, 이미 제출한 소송 등 인지의 납부서에 환급계좌를 기재한 경우에는 환급청구가 있는 것으로 봅니다.

2. 송달에 필요한 수(상대방의 수)만큼의 부본도 함께 제출하여야 합니다(소장이 상대방에게 송달되기 전 또는 소취하에 대한 상대방의 동의를 받은 경우에는 제출하지 않아도 됩니다).

3. 연락 가능한 전화번호에는 언제든지 연락 가능한 전화번호나 휴대전화번호를 기재하고, 그 밖에 팩스번호, 이메일 주소 등이 있으면 함께 기재하기 바랍니다.

소송위임장(소액사건)

사건번호 20 가소   [(담당재판부: 제   단독)]

원   고

피   고

위 사건에 관하여 아래와 같이 소송대리를 위임합니다.

1. 소송대리 위임
   가. 소송대리할 사람의 성명:
       주소:
       연락 가능한 전화번호:
       [팩스번호: -   이메일 주소:]
   나. 당사자와의 관계(해당란에 ✔ 해 주시기 바랍니다)
       □ 배우자
       □ 직계혈족(부모, 자 등)
       □ 형제자매
       □ 호주
       [신분관계 증빙서류]

2. 소송위임할 사항
   가. 일체의 소송행위, 반소의 제기 및 응소
   나. 재판상 및 재판 외의 화해
   다. 소의 취하
   라. 청구의 포기·인낙 또는 독립당사자참가소송에서의 소송탈퇴
   마. 상소의 제기 또는 취하
   바. 복대리인의 선임
   사. 목적물의 수령, 공탁물의 납부, 공탁물 및 이자의 반환청구와 수령
   아. 담보권행사, 권리행사최고신청, 담보취소신청, 담보취소신청에 대
       한 동의, 담보취소 결정정본의 수령, 담보취소결정에 대한 항고
       권의 포기
   자. 기타(특정 사항이 있으면 기재해 주십시오.)

20 . . .

위임인: 원(피)고   서명 또는 날인법원 귀중

소송대리허가신청과 소송위임장

[담당재판부: 제   민사부(단독)]

사   건   20   가단(합, 소)
원   고
피   고

이 사건에 관하여 원고(또는 피고)는 다음과 같이 소송대리허가신청과 소송위임을 합니다.

- 다   음 -

1. 소송대리허가신청
   가. 소송대리할 사람의 성명: (주민등록번호: -   )
       주소:
       연락 가능한 전화번호:
       팩스번호 또는 이메일 주소:
   나. 신청이유(해당란에 ✔ 해 주시기 바랍니다)
       □ 당사자의 배우자 또는 4촌 안의 친족으로서 밀접한 생활관계를 맺고 있음
       □ 당사자와 고용 등의 계약관계를 맺고 그 사건에 관한 일반사무를 처리.보조하여 왔음
2. 위임 사항
   가. 반소·참가·강제집행·가압류·가처분에 관한 소송행위 등 일체의 소송행위

나. 변제의 영수

다. 반소의 제기

라. 소의 취하, 화해, 청구의 포기.인낙 또는 독립당사자참가소
　　송에서의 소송탈퇴

마. 상소의 제기 또는 취하

바. 대리인의 선임

사. 기타(특정 사항을 기재하십시오.)

첨 부 서 류

1. 재직증명서　　　　　　　　　　　　1통
2. 가족관계증명서　　　　　　　　　　1통
3. 주민등록 등본　　　　　　　　　　　1통

20　　.　　.　　.

신청인 겸 위임인 원고(또는 피고)　　　　　　서명 또는 날인
　　연락 가능한 전화번호:

법원 귀중

◇ 유의사항 ◇

1. 연락 가능한 전화번호에는 언제든지 연락 가능한 전화번호나
　　휴대전화번호를 기재하고, 그 밖에 팩스번호, 이메일 주소 등
　　이 있으면 함께 기재하기 바랍니다.
2. 원칙적으로 변호사만이 소송위임에 따른 소송대리인이 될 수
　　있습니다.

3. 다만, 단독판사가 심리·재판하는 사건 중 수표금·약속어음금, 은행 등이 원고인 대여금·구상금·보증금, 자동차손해배상보장법에 따른 손해배상 청구 등과 소송목적의 값이 1억 원 이하인 사건에서만 변호사가 아닌 사람이 법원의 허가를 받아 소송대리인이 될 수 있습니다.

조 정 신 청 서

사 건 명

신 청 인   성명   (주민등록번호   -   )

              주소

              연락 가능한 전화번호

피신청인   성명   (주민등록번호   -   )

              주소

              연락 가능한 전화번호

소송목적의 값	원	인 지	원

※조정비용은 소장에 첨부하는 인지액의 1/10 입니다.

송달료 계산 방법: 당사자 수(신청인 + 피신청인) × 5회분 송달료
※ 1회 송달료는 추후 변동될 수 있습니다.

휴대전화를 통한 정보수신 신청

 위 사건에 관한 재판기일의 지정·변경·취소 및 문건접수 사실을 예납의무자가 납부한 송달료 잔액 범위 내에서 아래 휴대전화를 통하여 알려주실 것을 신청합니다.
■ 휴대전화번호 :

20 . . .

신청인 원고   (서명 또는 날인)

※ 문자메시지는 재판기일의 지정·변경·취소 및 문건접수 사실이 법원재판사무시스템에 입력되는 당일 이용 신청한 휴대전화로 발송됩니다.
※ 문자메시지 서비스 이용 금액은 메시지 1건당 17원씩 납부된 송달료에서 지급됩니다(송달료가 부족하면 문자메시지가 발송되지 않습니다).
※ 추후 서비스 대상 정보, 이용 금액 등이 변동될 수 있습니다.

◇ 유의사항 ◇

 연락 가능한 전화번호는 언제든지 연락 가능한 전화번호나 휴대전화번호, 그 밖에 팩스번호, 이메일 주소 등이 있으면 함께 기재하여 주시기 바랍니다. 피신청인의 연락 가능한 전화번호는 확인이 가능한 경우에 기재하면 됩니다.

신 청 취 지

1.
2.
라는 조정을 구합니다.

신 청 원 인

1.
2.
3.

입 증 방 법

1.
2.
3.
4.

첨 부 서 류

1. 입증방법   각 1통
1. 신청서부본   1통
1. 송달료납부서   1통

20   .   .   .

신청인   (서명 또는 날인)

법원 귀중

준 비 서 면

[담당재판부: 제   (단독)부]

사건번호 20 가단(합,소)

원   고:

피   고:

　위 당사자 사이의 위 사건에 관하여 원고는 다음과 같이 변론을 준비합니다.

다   음

1.

2.

3.

입 증 방 법

1.

2.

20   .   .   .

원고   서명 또는 날인

연락 가능한 전화번호:

법원 귀중

1. 민사소송규칙 제4조 제2항에 따라 용지는 A4(가로 210㎜×세로 297㎜) 크기로 하고, 위로부터 45㎜, 왼쪽 및 오른쪽으로부터 각각 20㎜, 아래로부터 30㎜(장수 표시 제외)의 여백을 두어야 합니다.
   또한 글자 크기는 12포인트(가로 4.2㎜×세로 4.2㎜) 이상으로 하고, 줄 간격은 200% 또는 1.5줄 이상으로 하여야 합니다.
2. 서면의 분량은 특별한 사정이 없는 한 민사소송규칙 제69조의4에 따라 30쪽 이내로 제출하여야 합니다.
3. 연락처란에는 언제든지 연락 가능한 전화번호나 휴대전화번호를 기재하고, 그 밖에 팩스번호, 이메일 주소 등이 있으면 함께 기재하시고, 상대방 수만큼의 부본을 첨부하여야 합니다.

서증인부서

사	건	20　가단(합, 소)
원	고	
피	고	

　이 사건에 관하여 원고(또는 피고)는 피고(또는 원고)가 제출한 서증에 대하여 다음과 같이 인부합니다.

- 다　음 -

서증번호	서증명	인부 내용	비고
갑 제1호증의 1, 2, 3	각 주민등록등본 가족관계증명서	각 성립인정, 입증취지 부인	
갑 제2호증의 1	제적등본	성립인정,	
갑 제2호증의 2	주민등록등본(피고)	입증취지 부인	
갑 제2호증의 3	교통사고사실확	〃	
갑 제3호증	인원	〃	
갑 제4호증의 1	진술서	부분인정	
갑 제4호증의 2	인감증명서	부인	
갑 제5호증	무통장입금확인서	성립인정,	
갑 제6호증의 1	진술서	입증취지 부인	
갑 제6호증의 2	인감증명서	부인	
갑 제7호증	자립예탁금	부지	
갑 제8호증	비과세예탁급종	성립인정,	

| 갑 제9호증 | 합통장
녹취서 | 입증취지 부인
성립인정
부인
부인 | |

20 . . .

원고(또는 피고)   서명 또는 날인

연락 가능한 전화번호:

법원 귀중

답 변 서

[담당재판부: 제   (단독)부]

사건번호 20   가단(합, 소)

원   고   이름:

          주소:

피   고   이름: (주민등록번호   -   )

          주소:

          (연락 가능한 전화번호   )

위 사건에 관하여 피고는 다음과 같이 답변합니다.

청구취지에 대한 답변

청구원인에 대한 답변

20   .   .   .

피고   서명 또는 날인

법원 귀중

◇ 유의사항 ◇

1. 연락 가능한 전화번호에는 언제든지 연락 가능한 전화번호나 휴대전화번호를 기재하고, 그 밖에 팩스번호, 이메일 주소 등이 있으면 함께 기재하기 바랍니다.

2. 답변서에는 청구의 취지와 원인에 대한 구체적인 진술을 적어야 하고 상대방 수만큼의 부본을 첨부하여야 합니다.

3. 「청구의 취지에 대한 답변」에는 원고의 청구에 응할 수 있는지 여부를 분명히 밝혀야 하며, 「청구의 원인에 대한 답변」에는 원고가 소장에서 주장하는 사실을 인정하는지 여부를 개별적으로 밝히고, 인정하지 아니하는 사실에 관하여는 그 사유를 개별적으로 적어야 합니다.

4. 답변서에는 자신의 주장을 증명하기 위한 증거방법에 관한 의견을 함께 적어야 하며, 답변 사항에 관한 중요한 서증이나 답변서에서 인용한 문서의 사본 등을 붙여야 합니다.

◇ 조정제도 안내 ◇

1. '조정절차'는 당사자 사이의 양보와 타협을 통해 분쟁을 적정/공정/신속/효율적으로 해결하는 화해적 절차입니다.

2. 조정이 성립되면 확정 판결과 동일한 효력을 갖게 됩니다.

3. 수소법원(사건을 담당하는 재판부)은 필요하다고 인정하면 항소심 판결 선고 전까지 사건을 조정에 회부할 수 있습니다. 조정이 성립하지 않으면 재판절차가 다시 진행됩니다.

문서송부촉탁신청서

사건번호 20   가단(합, 소)   [담당재판부: 제   (단독)부]

원   고

피   고

　　이 사건에 관하여 원(피)고는 주장사실을 입증하기 위하여 아래와 같이 문서송부촉탁을 신청합니다.

1. 기록의 보관처

2. 송부촉탁할 기록

3. 증명하고자 하는 사실

　　　　　　　　　　　20 .   .   .

　　　　　원(피)고　　　　　　　　　서명 또는 날인

　　　　　연락 가능한 전화번호:

　　　　　　　　　　　　　　　　　　　　법원 귀중

◇ 유의사항 ◇

1. 신청인 또는 작성자란에 원고의 경우에는 '원'에, 피고의 경

우에는 '(피)'에 ○표를 하십시오.
2. 연락 가능한 전화번호에는 언제든지 연락 가능한 전화번호나 휴대전화번호를 기재하고, 그 밖에 팩스번호, 이메일 주소 등이 있으면 함께 기재하기 바랍니다.

사실조회신청서

사   건   20   가   [담당재판부: 제 (단독)부]
원   고
피   고

　위 사건에 관하여 주장사실을 입증하기 위하여 다음과 같이 사실조회를 신청합니다.

(예시)
1. 사실조회의 목적
　본건 지역의 벼농사가 피고 회사 제조공장 설치 후 그 공장에서 흘러나오는 폐유로 인하여 소장 청구원인 제3항에 기재와 같이 벼농사가 수확이 감소된 사실을 명백히 함에 있다.
2. 사실조회 기관
　농림수산부 농산물검사소
3. 사실조회 사항
　가. 경기도 부천군 소래면 서부지구의 20   년 이전의 평년작 마지기당 수확량
　나. 위 지역의 20   년도 및 20   년도의 각 마지기당 수확량

20   .   .   .

　　신청인 원(피)고　　　　　　　　서명 또는 날인
　　연락 가능한 전화번호:

법원 귀중

문서제출명령신청서

사건번호 20 가단(합, 소) [담당재판: 제 단독(부)
원   고
피   고

　위 사건에 관하여 원(피)고는 주장사실을 입증하기 위하여 다음과 같이 문서제출명령을 신청합니다.

　1. 문서의 표시
　2. 문서의 취지(내용)
　3. 문서를 가진 사람
　4. 증명할 사실
　5. 문서제출의무의 원인(해당란에 ✔표시)
　　□ 당사자가 소송에서 인용한 문서(인용문서)
　　□ 신청자가 문서를 가지고 있는 사람에게 그것을 넘겨 달라고 하거나 보겠다고 요구할 수 있는 사법상의 권리를 가지고 있음(인도.열람문서)
　　□ 문서가 신청자의 이익을 위하여 작성되었음(이익문서)
　　□ 문서가 신청자와 문서를 가지고 있는 사람 사이의 법률관계에 관하여 작성된 것임(법률관계문서)
　　□ 그 밖에 제출이 필요한 문서
　　사유:

20 . . .

신청인 원(피)고   서명 또는 날인
연락 가능한 전화번호:

법원 귀중

◇ 유의사항 ◇

1. 신청인 또는 작성자란에 원고의 경우에는 '원'에, 피고의 경
   우에는 '피'에 ◯표를 하십시오.
2. 연락 가능한 전화번호에는 언제든지 연락 가능한 전화번호나 휴
   대전화번호를 기재하고, 그 밖에 팩스번호, 이메일 주소 등이 있
   으면 함께 기재하기 바랍니다.

지급명령신청서

채 권 자   (-   )
주   소

채 무 자   (-   )
주   소

청 구 취 지

채무자는 채권자에게 아래 청구금액을 지급하라는 명령을 구함

1. 금   원
2. 위 1항 금액에 대하여 이 사건 지급명령정본이 송달된 다음
   날부터 갚는 날까지
        연   %의 비율로 계산한 돈

독촉절차비용

    금   원(내역: 송달료   원, 인지대   원)

청 구 원 인

첨 부 서 류

1.
2.

20 . . .

채권자   (서명 또는 날인)
연락 가능한 전화번호

법원 귀중

◇ 유의사항 ◇

1. 연락 가능한 전화번호에는 언제든지 연락 가능한 전화번호나 휴대
   전화번호 그 밖에 팩스번호, 이메일 주소 등이 있으면 함께 기재하
   여 주십시오.
2. 이 신청서를 접수할 때에는 당사자 1인당 6회분의 송달료를
   현금으로 송달료 수납 은행에 예납하여야 합니다.

지급명령신청서 표준양식 이용 및 작성 안내

1. 지급명령신청서 표준양식은 대여금, 구상금, 보증금 및 양수금 청구사건에 대한 민원인의 신청서 작성의 편의를 도모하고, 사건의 신속한 처리를 위하여 제공되는 양식으로, **청구내용에 따라 표준양식 이용이 어려운 경우에는 기존의 지급명령신청서 양식을 이용하여 작성할 수 있습니다.**

2. 청구원인의 청구내역 요약, 계산근거 요약, 구상권 행사 대상채권 등의 표는 반드시 모두 채워야 하는 것은 아니고, **청구내용에 따라 빈칸으로 두거나 적절히 변형하여 이용할 수 있습니다.**

3. 청구원인의 계산근거 요약표는 원리금계산서 등을 지급명령신청서에 별지 형태로 첨부하는 것으로 대신할 수 있습니다.

4. **청구원인 사실란은 기존에 서술형식으로 기재하던 부분과 동일한 형식으로 기재하면 됩니다.**

5. 기타란은 시효연장을 위한 지급명령신청의 경우, 상속한 정승인이 있는 경우에 해당사건의 법원명, 사건번호 및 사건명을 기재하거나 변제 등에 관한 문의 안내 전화번호 등을 기재합니다.

6. 첨부 서류인 청구원인 소명자료 목록은 지급명령에 대한 공시송달이나 소송절차로 회부(이행)되는 경우에 신속한 절차 진행을 위하여 〈별지 예시〉 내용을 참고하여 작성합니다.

지급명령에 대한 이의신청서

사 　 건 　 　 20 　 　 차
채 권 자
채 무 자
주 　 　 소

　위 독촉사건에 관하여 채무자는 20 　. 　. 　. 지급명령정본을
송달받았으나 이에 불복하여 이의신청을 합니다.

20 　 　 . 　 　 . 　 　 .

이의신청인(채무자) 　 　 　 　 (서명 또는 날인)
연락 가능한 전화번호

법원 귀중

◇ 유의사항 ◇

1. 연락 가능한 전화번호에는 언제든지 연락 가능한 전화번호나 휴대
   전화번호 그 밖에 팩스번호, 이메일 주소 등이 있으면 함께 기재하
   여 주십시오.
2. 채무자는 지급명령 정본을 송달받은 날로부터 2주 이내에 이
   의신청서를 제출하는 것과 별도로 지급명령의 신청원인에 대
   한 구체적인 진술을 적은 답변서를 함께 제출하거나 늦어도
   지급명령 정본을 송달받은 날부터 30일 이내에 제출하여야
   합니다.

기일변경신청서

[담당재판부: 제   민사부(단독)]

사   건   20 가단(합, 소)
원   고
피   고

이 사건에 관하여 변론(준비)기일이 20 .   .   .   :   로 지정되었는데, 원고(또는 피고)는 다음과 같은 사유로 출석할 수 없으므로, 위 변론(준비)기일을 변경하여 주시기 바랍니다.

- 다   음 -

신청사유: 20 .   .   . 예비군 훈련

소 명 자 료

예비군훈련 소집통지서   1통

20 .   .   .

원고(또는 피고)   서명 또는 날인
연락 가능한 전화번호:

법원 귀중

기일지정신청서

[담당재판부: 제   민사부(단독)]

사   건   20   가단(합, 소)

원   고

피   고

　이 사건에 관하여 양쪽 당사자가 20 .   .   .   :   변론
(준비)기일에 불출석함에 따라 기일이 추후지정되어 있으니, 변론
(준비)기일을 지정하여 주시기 바랍니다.

20 .   .   .

원고(또는 피고)   서명 또는 날인

연락 가능한 전화번호:

법원 귀중

◇ 유의사항 ◇

1. 신청인 또는 작성자란에 원고의 경우에는 '원고'에, 피고의
   경우에는 '(피고)'에 ◯표를 하십시오.
2. 연락 가능한 전화번호에는 언제든지 연락 가능한 전화번호나
   휴대전화번호를 기재하고, 그 밖에 팩스번호, 이메일 주소 등
   이 있으면 함께 기재하기 바랍니다.

기일지정신청서

[담당재판부: 제   민사부(단독)]

사 건   20 가단(합, 소)   손해배상(기)
원 고
피 고

　이 사건에 관하여 당사자는 서면공방을 마쳤으므로, 변론(준비)기일을 지정하여 주시기 바랍니다.

20 . . .

　원고(또는 피고)   서명 또는 날인
　연락 가능한 전화번호:

법원 귀중

◇ 유의사항 ◇

1. 신청인 또는 작성자란에 원고의 경우에는 '원고'에, 피고의 경우에는 '(피고)'에 ○표를 하십시오.
2. 연락 가능한 전화번호에는 언제든지 연락 가능한 전화번호나 휴대전화번호를 기재하고, 그 밖에 팩스번호, 이메일 주소 등이 있으면 함께 기재하기 바랍니다.

당사자(피고)표시정정신청서

[담당재판부: 제   민사부(단독)]

사   건   20   가단(합, 소)
원   고
피   고

이 사건에 관하여 원고는 당사자를 잘못 표시하였으므로, 다음과 같이 당사자 표시를 정정 신청합니다.

- 다   음 -

1. 정정 전 당사자의 표시
   성명: (-   )
   주소:
2. 정정 후 당사자의 표시
   성명: (-   )
   주소:
3. 신청이유
   원고는 피고의 사망 사실을 모르고 사망자를 피고로 표시하여 소를 제기하였으므로, 사망자의 상속인인   로 피고의 표시를 정정하여 주시기 바랍니다.

첨 부 서 류

1. 가족관계증명서(상세)   1통

20   . . .

원고   서명 또는 날인
연락 가능한 전화번호:

법원 귀중

변론재개신청서

[담당재판부: 제   민사부(단독)]

사   건   20   가단(합, 소)
원   고
피   고

　이 사건에 관하여 귀원은 20　.　.　. 변론을 종결하고 판결
선고기일을 20　.　.　. : 　로 지정하였는데, 원고(또는 피
고)는 다음과 같은 이유로 변론의 재개를 신청합니다.

신 청 사 유

변론종결 후 첨부와 같은 새로운 증거를 발견하였습니다.

첨 부 서 류

계약서 사본　1통

20　.　.　.

　　원고(또는 피고)　　　　　　　　　서명 또는 날인
　　연락 가능한 전화번호:

법원 귀중

◇ 유의사항 ◇

1. 신청인 또는 작성자란에 원고의 경우에는 '원고'에, 피고의 경우에는 '(피고)'에 ○표를 하십시오.
2. 연락 가능한 전화번호에는 언제든지 연락 가능한 전화번호나 휴대전화번호를 기재하고, 그 밖에 팩스번호, 이메일 주소 등이 있으면 함께 기재하기 바랍니다.

주 소 보 정 서

사건번호   20   가   (차)   [담당재판부: 제   (단독)부]
원고(채권자)
피고(채무자)

  위 사건에 관하여 아래와 같이 피고(채무자)   의 주소를
보정합니다.

주소 변동 유무	변 동 없 음	□ 주소변동 없음	종전에 적어낸 주소에 그대로 거주하고 있음		
	변 동 있 음	□ 주소 (주민등록상 주소 가 변동)			
		□ 송달장소 (주민등록상 주소 는 변동 없음)			
송달 신청	송 달 료 필 요	□ 재송달신청	종전에 적어 낸 주소로 송달		
		□ 특별송달신청 (특별송달료는 지역 에 따라 차이가 있 을 수 있음)	□ 통합송달(주간+야간+휴일) □ 주간송달 □ 야간송달 □ 휴일송달		
			□ 종전에 적어 낸 주소로 송달 □ 새로운 주소로 송달 □ 송달장소로 송달		
	□ 공시송달신청		주소를 알 수 없으므로 공시송달을 신청함 (첨부서류:)		
20 . . . 원고					

[주소 보정 요령]

1. 상대방의 주소가 변동되지 않은 경우에는 주소변동 없음란의 □에 "✔" 표시를 하고, 송달이 가능한 새로운 주소가 확인되는 경우에는 주소변동 있음란의 □에 "✔" 표시와 함께 새로운 주소를 적은 후 이 서면을 주민등록표 초본 등 소명자료와 함께 법원에 제출하시기 바랍니다.(**상대방의 주소가 변동되지 않은 경우에도 주민등록표 초본 등 소명자료 제출이 필요함**)

2. 법인 대표자의 주소로 송달장소를 보정할 경우에는 주소변동 있음란의 □에 "✔" 표시와 함께 새로운 송달장소를 적은 후 이 서면을 대표자의 주민등록표 초본 등의 소명자료와 함께 법원에 제출하시기 바랍니다.

3. 상대방이 종전에 적어 낸 주소에 그대로 거주하고 있으면 재송달신청란의 □에 "✔" 표시를 하여 이 서면을 주민등록표 초본 등 소명자료와 함께 법원에 제출하시기 바랍니다.

4. 수취인부재, 폐문부재 등으로 송달되지 않는 경우에 특별송달(집행관송달 또는 법원경위송달)을 희망할 때에는 특별송달신청란의 □에 "✔" 표시를 하고, 통합송달·주간송달·야간송달·휴일송달 중 희망하는 란의 □에도 "✔" 표시를 한 후, 이 서면을 주민등록표 초본 등의 소명자료와 함께 법원에 제출하시기 바랍니다(**특별송달에 필요한 송달료 추가납부와 관련된 문의는 재판부 또는 접수계로 하시기 바랍니다**).

5. 통합송달은 채권자가 복수의 송달방법(주간송달, 야간송달 및 휴일송달)을 한 번에 신청할 수 있는 집행관송달 방식을 말합니다.

6. 공시송달을 신청하는 때에는 공시송달신청란의 □에 "✔" 표시를 한 후 주민등록 말소자등본 기타 공시송달요건을 소명하는 자료를 첨부하여 제출하시기 바랍니다.

7. 지급명령신청사건의 경우에는 사건번호의 '(차)', '채권자', '채무자' 표시에 ○표를 하십시오.

8. 읍·면사무소 또는 동주민센터 등에 이 서면 또는 주소보정권고 등 법원에서 발행한 문서를 제출하여 상대방의 주민등록표 초본 등의 교부를 신청할 수 있습니다.(주민등록법 제29조 제2항 제2호, 동법 시행령 제47조 제5항 참조)

증인   에 대한 신문사항

[담당재판부: 제   민사부]

사   건   20   가단(합, 소)
원   고
피   고

1.

2.

3.

4.

5.

                    20   .   .   .

    원고(또는 피고)   서명 또는 날인
    연락 가능한 전화번호:

법원 귀중

항 소 장

항 소 인(원,피고)   성명:

　　　　　　　　　　주소:

　　　　　　　　　　연락 가능한 전화번호:

피항소인(원,피고)   성명:

　　　　　　　　　　주소:

　위 당사자 사이의 ＿＿지방법원 20   가단(합, 소)　　　호 ＿＿청구사건에 관하여 원(피)고는 귀원이 20　.　.　. 선고한 판결에 대하여 20　.　.　. 송달받고 이에 불복하므로 항소를 제기합니다.

원판결의 표시

항 소 취 지

항 소 이 유

첨 부 서 류

1. 납부서
2. 항소장 부본

20 .   .   .

항소인(원.피고)   서명 또는 날인

휴대전화를 통한 정보수신 신청

 위 사건에 관한 재판기일의 지정·변경·취소 및 문건접수 사실을 예납의무자가 납부한 송달료 잔액 범위 내에서 아래 휴대전화를 통하여 알려주실 것을 신청합니다.

■ **휴대전화번호** :

20 .   .   .

신청인 원고   (서명 또는 날인)

※ 종이기록사건에서 위에서 신청한 정보가 법원재판사무시스템에 입력되는 당일 문자메시지로 발송됩니다(전자기록사건은 전자소송홈페이지에서 전자소송 동의 후 알림서비스를 신청할 수 있음).
※ 문자메시지 서비스 이용 금액은 메시지 1건당 17원씩 납부된 송달료에서 지급됩니다(송달료가 부족하면 문자메시지가 발송되지 않습니다).
※ 추후 서비스 대상 정보, 이용 금액 등이 변동될 수 있습니다.
※ 휴대전화를 통한 문자메시지는 원칙적으로 법적인 효력이 없으니 참고자료로만 활용하시기 바랍니다.

법원 귀중

◇ 유의사항 ◇

1. 연락 가능한 전화번호에는 언제든지 연락 가능한 전화번호나 휴대전화번호를 기재하고, 그 밖에 팩스번호, 이메일 주소 등이 있으면 함께 기재하기 바랍니다.

2. 신청인 또는 작성자란에 원고의 경우에는 '원'에, 피고의 경우에는 '(피)'에 ○표를 하십시오.
3. 이 신청서를 접수할 때에는 당사자 1인당 12회분의 송달료를 송달료 수납은행에 예납하여야 합니다.

항 소 이 유 서

사　　건　　　　　　20　　나　　　　[담당재판부: 제　　　부]
원　　고 (항소인 또는 피항소인)
피　　고 (항소인 또는 피항소인)

　이 사건에 관하여 원(피)고(항소인)는 다음과 같이 항소이유를
제출합니다.

1. **제1심 판단과 불복범위** (임의적 기재사항이나 가급적 기재를
　 권장합니다)
　 가. 이 사건의 청구내용 (청구내용을 특정할 수 있을 정도로
　　　 소송물과 청구권원을 간략히 적시바람)
　 나. 제1심의 판단 요약 (위 청구내용에 대한 제1심의 판단을
　　　 개괄적 기재로 충분함)
　 다. 항소인의 불복 부분
　　　 ⑴ 제1심 판결에서 불복하는 주요 부분 (복수의 소송물에
　　　　 서는 소송물별로 기재 권장함)
　　　 ⑵ 제1심 판결을 수긍할 수 없는 주된 이유 (아래에서 구
　　　　 체적으로 기재하고 여기서는 간략히 기재하면 충분함)

2. **제1심 판결의 잘못에 관하여** (아래 항목 중 해당하는 부분만 기
　 재하면 충분하고, 아울러 아래 항목에 따라 나누어서 작성하는
　 것이 곤란한 경우에는 적절히 변형하여 기재하여도 무방합니다)
　 가. 사실오인 부분
　　　 ⑴ 관련 제1심 판결 판시 부분

     ⑵ 항소이유의 주장 (관련 핵심증거 해당 부분 기재 바람.
       이하 같음)
  나. 법리오해 부분
     ⑴ 관련 제1심 판결 판시 부분
     ⑵ 항소이유의 주장
  다. 판단누락 부분
     ⑴ 관련 주장 내용
     ⑵ 결론에 미치는 영향 (판단의 필요성)
  라. 그 밖의 잘못 (제1심의 절차위반 부분 등 포함)

3. 항소심에서 새롭게 주장할 사항 (제2항에 포함되어 있더라도 반드시 요지는 기재합니다)
  가. 주장 내용
  나. 제1심에서 제출하지 못한 이유
  다. 새로운 주장 제출에 따라 필요한 조치의 유무
    (예시: 새로운 주장이 청구변경에 해당할 시에는 별도의
    항소심용 청구변경신청서 제출과 인지 납부가 필요함)

4. 항소심에서 새롭게 신청할 증거와 그 증명취지
  가. 신청증거 내용 (내용 적시 외에 별도의 증거신청서 제출
    필요함)
  나. 제1심에서 제출하지 못한 이유

5. 항소심에서의 조정·화해절차에 관한 의견 (아래 각 해당란을 선택하여 기재하기 바랍니다)
  가. 절차의 희망 여부
    ⑴ 희망함 ⑵ 희망 하지 않음
  나. 조정·화해절차를 희망하는 경우

(1) 조정 시기

    ① 첫 변론기일 시작 전 조기 조정 (항소심의 본격적인 변론 전에 신속한 절차진행 희망)

    ② 그 이후 시기 (변론 도중, 변론종결 후 등)

(2) 조정기관

    ① 해당 재판부에서 직접 절차를 주재하는 형태를 희망

    ② 조정총괄부에서 절차를 주재하는 형태를 희망

다. 기타 조정·화해절차와 관련하여 항소심 재판부에 전달하고 싶은 사항

6. 그 밖에 재판진행에서 고려해 주기를 요청하는 사항 (임의적 기재사항입니다)

가. 당사자 본인의 최종진술을 희망하는지 여부(민사소송규칙 제28조의3)

나. 기일지정과 관련된 희망 사항

다. 그 밖의 사항 (상대방에 요청하는 사항 등)

7. 관련사건의 진행관계 (사건번호와 진행내용을 가능한 한 상세히 기재합니다)

가. 관련 민사사건

나. 관련 형사사건 (수사기관의 조사 여부 포함)

20 . . .

원(피)고(항소인)   (날인 또는 서명)

연락 가능한 전화번호:

법원 귀중

◇ 유의사항 ◇

 연락 가능한 전화번호에는 언제든지 연락 가능한 전화번호나 휴대전화번호를 기재하고, 그 밖에 팩스번호, 이메일 주소 등이 있으면 함께 기재하기 바랍니다.

항소이유에 대한 답변서

사　건　　　　　20　　나　　　[담당재판부: 제　　　부]
원　고 (항소인 또는 피항소인)
피　고 (항소인 또는 피항소인)

　원(피)고는 피(원)고의 항소이유에 대하여 다음과 같이 답변합니다.

항소취지에 대한 답변

1. 피(원)고의 항소를 기각한다.
2. 항소비용은 피(원)고가 부담한다.

항소이유에 대한 답변

1. 제1심 판단(피고 패소 부분)과 항소이유에 대한 답변 요지
　가. 제1심 판단(피고 패소 부분)의 요지
　나. 항소이유의 요지 (개괄적 기재로 충분함)
　다. 답변의 요지 (아래에서 구체적으로 기재하고 여기서는 간
　　　　략히 기재하면 충분함)

2. 항소이유에 대한 구체적 답변
　(항소이유 등에 따라 아래 항목들로 분리 기재하기가 곤란한
　경우에는 적절히 변형하여 기재해도 무방합니다)
　가. 사실오인 주장에 대하여
　　　(1) 항소이유의 주장내용

   (2) 관련 제1심 판결 판시 부분 (위 (1)항에 포함된 경우에
             는 생략 가능)

   (3) 피항소인(원고)의 답변

 나. 법리오해 주장에 대하여

   (1) 항소이유의 주장내용

   (2) 관련 제1심 판결 판시 부분 (위 (1)항에 포함된 경우에
             는 생략 가능)

   (3) 피항소인(원고)의 답변

 다. 항소심에서의 새로운 주장에 대하여

   (1) 항소이유의 주장내용

   (2) 관련 제1심 판결 판시 부분 (위 (1)항에서 기재한 경우
             에는 생략 가능)

   (3) 피항소인(원고)의 답변

 라. 기타

3. 항소인의 새로운 증거신청에 관한 의견

 가. 항소인의 증거신청 요지

 나. 피항소인의 의견

4. 항소심에서의 조정·화해절차에 관한 의견

 가. 조정.화해절차에 관한 항소인의 의견에 대한 피항소인의
   의견

 나. 그 밖에 조정·화해절차와 관련하여 항소심 재판부에 전달
   하고 싶은 사항

5. 그 밖에 재판진행에서 고려해 주기를 요청하는 사항 (임의적
기재사항입니다)

 가. 당사자 본인의 최종진술을 희망하는지 여부(민사소송규칙

제28조의3)

　　나. 기일지정과 관련된 희망 사항

　　다. 그 밖의 사항 (상대방에 요청하는 사항 등)

6. **관련사건의 진행관계** (사건번호와 진행내용을 가능한 한 상세히 기재바랍니다).

　　가. 관련 민사사건

　　나. 관련 형사사건 (수사기관의 조사 여부 포함)

20　.　.　.

　　원(피)고　　　　　　　　　서명 또는 날인

　　연락 가능한 전화번호:

법원 귀중

◇ 유의사항 ◇

　연락 가능한 전화번호에는 언제든지 연락 가능한 전화번호나 휴대전화번호를 기재하고, 그 밖에 팩스번호, 이메일 주소 등이 있으면 함께 기재하기 바랍니다.

구 석 명 신 청 서

사　　건 : 20　　　　　　　[민사　　　단독]
원　　고
피　　고

　위 사건에 대하여 원고(피고)는 다음과 같이 구석명을 신청합
니다.

다　　음

1. 구석명 신청사항

2. 구석명 신청 이유

20 ．　．　．

위 지출인 원고(피고)

(　　　　　) 법원 귀중

제9부
문서 접수와 전자소송

재판의 형태는 크게 세 가지로 이루어진다. 첫째로는 실제로 법원에 출석하여 재판을 받는 변론이고, 둘째는 서류 등을 법원(재판부)에 제출하는 것이며, 세 번째는 법원이 내리는 판결이다. 이 중 변론은 공판정에 나가 판사 앞에서 재판을 받는 것이므로 대리인을 선임하지 않는다면 대부분 다른 방법이 없다. 화상재판의 방법이 있기는 하지만 아직은 현실성이 떨어지므로 설명을 생략한다. 판결 또한 공판에 나가지 않아도 된다. 대개의 경우 판사는 판결 선고일에는 나올 필요가 없다. 라고 알려주기도 한다.

하지만 서류 등을 접수시키는 방식은 조금 다르다. 여기에는 두 가지 방식이 있는데 하나는 법원 민원창구에 직접 접수시키는 전통적인 방식이고, 또 다른 하나는 컴퓨터를 통해 인터넷으로 접수시키는 방식인 전자소송이다.

전통적인 방식으로 소송을 제기하거나 문서를 제출하고자 하는 사람은 문서를 작성하여 1심법원에 찾아가 접수를 하여야 한다.(1심법원의 관할 참조) 신분증을 가지고 각 법원 민원실로 들어가 접수창구에 접수시키되 혼란스러울 경우 각 법원 민원실의 안내원에게 문의하면 친절히 안내해줄 것이다.

이러한 오프라인 방식은 관할을 찾아가기도 번거로울 뿐 아니라 시간적, 경제적으로 보아도 효율적이지 않다. 다만, 주위에 아는 사람도 없고 인터넷 사용도 불편한 경우라면 이 방식으로 할 수밖에 없을 것이다. 관할에 관한 자세한 사항은 위에서 설명한 바 있다.

이에 비하여 "전자소송"은 대한민국 법원이 운영하는 전자소송시스템을 이용하여 소를 제기하고 소송절차를 진행하는 재판방식을 말한다. 2020년 대법원 통계에 의하면 민사소송 접수건수의 **91.2%가 전자소송**으로 접수됐다고 한다. 전자소송은 비용도 절감된다.

 * 참고(자료의 출처) : 이곳 자료는 저작권보호정책에 따라 대법원에서 제공하는 인터넷 전자소송 사이트에서 인용하거나 캡처한 것임을 밝혀둔다.(https://ecfs.scourt.go.kr/ecf/index.jsp))

가. 전자소송 회원 가입 준비

전자소송 서비스를 이용하기 위해서는 실지명의 확인 가능한 전자서명 인증서(이하 **'인증서'**라 함)가 반드시 필요하다. 개인의 소송에는 개인인증서가 필요할 것이고, 법인의 경우에는 법인의 인증서를 발급받아 사용하면 될 것이다. 은행, 증권사, 신용카드사 등에서 기존에 발급받은 인증서를 그대로 사용하실 수 있으며, 그 외에 전자소송용 인증서를 발급받아 대한민국 법원 전자소송 홈페이지를 이용할 수도 있다.

참고로, 전자소송용 인증서는 한국정보인증(주)의 전자소송용 인증서 발급 사이트(http://scourt.signra.com/)에 접속하여

첫째, 인증서 신청서 작성 및 수수료 결제 후 신청서를 출력하고,

둘째, 가까운 서류제출기관(전국 우체국)을 직접 방문하여 신청서와 제출서류 접수한 다음,

셋째, 발급안내 이메일의 첨부파일(issue.html)을 통해 전자소송용 인증서를 발급 받는다.

개인용 또는 법인용 인증서는 아래 인증기관이나 그 발급대행기관에서 발급받은 범용 인증서 또는 은행, 증권용 용도제한 인증서가 사용 가능하다.(사용 가능한 인증서 명칭은 '공동인증서' 라고 부른다.) 공동인증서 발급기관을 보면 다음과 같다.

- 한국정보인증 (https://www.signgate.com)
- 한국증권전산 (https://www.signkorea.com)
- 한국전자인증 (https://www.crosscert.com)
- 한국무역정보통신 (https://www.tradesign.net)
- 금융결제원 (https://www.yessign.or.kr)

나. 전자소송 회원 가입방법

대법원 전자소송 홈페이지(https://ecfs.scourt.go.kr/ecf/index.jsp)에 온라인으로 접속하여 본인의 신원 확인을 한 후 회원정보를 입력하면 즉시 전자소송 **사용자로 등록**된다.

인증서는 항상 먼저 등록을 하여야 사용할 수 있고, 유효기간이 지나는 등 사정이 있어 재발급을 받으면 다시 등록을 하여야만 사용할 수 있다.

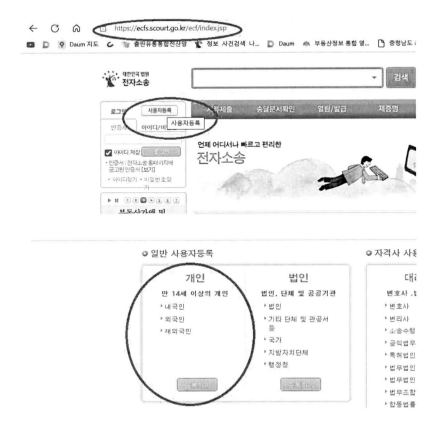

　이후는 화면에 나타나는 순서에 따라 진행하면 크게 어려운 점은 없으나, 만약 어려운 점이 있다면 왼쪽의 사용설명서를 읽으면서 차근차근 진행하면 될 것이다.

다. 소장의 접수

　인터넷으로 소를 제기 하는 등 하려면 먼저 전자소송 홈페이지(https://ecfs.scourt.go.kr/ecf/index.jsp)에 　접속한다. 위에서 등록한 인증서로 로그인한 다음 메인메뉴의

'서류제출/민사서류'에 마우스를 대면 팝업메뉴가 나타나고 그 팝업의 소장을 선택한다. 나타난 '전자소송 동의'화면에서 '동의'에 체크하고 '당사자 작성'선택버튼을 누른다.

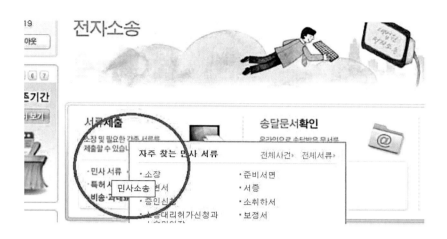

이후 '1단계/문서작성'에서 '사건명'을 알면 그것을 선택하면 되지만 모를 경우 '사건명검색' 버튼을 눌러 설명을 보고 선택한다. 그래도 아리송한 경우는 본인이 생각하기에 가장 맞는다고 생각하는 것을 선택하고 진행하면 나중에 법원에서 그에 맞는 재판부로 다시 배당할 것이므로 크게 걱정할 필요는 없다.

'청구구분'에 대하여는 이 책을 읽는 독자 대부분이 '재산권상청구'일 것으로 보이지만 그렇지 않을 경우 '비재산권상 청구'를 선택하면 되고, '소가구분'에는 청구하는 금액을 넣는다. 만약 재판이 토지 등에 관한 것이라면 그 공시지가 등으로 산정한 합산금액을 넣으면 되고 그래도 어려울 경우 법률구조공단에 문의하면 될 것이지만, 대충 가격을 써 넣으면 그에 맞는 인지대가 산정되고 잘못되었을 경우 나중에 법원에서 보정명령이 올 때 다시 추가납부하면 될 것이다. 누구든지 처음엔 서투를 수 있으니 겁먹지 않는 것이 중요하다.

'제출법원'을 알면 아는 대로 선택하되, 맞지 않는 법원을 선택한다 하더라도 나중에 맞는 법원으로 이송될 것이므로 이 또한 크게 걱정할 일은 아니다. 다만 시간이 더 길어질 수는 있다.

그 외의 사항은 별 어려운 점은 없으므로 나오는 화면에 따라 필요한 내용을 선택하거나 기록하면 될 것이다. 다만 '선정당사자'에 대하여는 소를 제기하는 원고 또는 소를 당하는 피고가 공동의 이해관계가 있어 여러 명일 경우 그중 한사람이 대표하여 그 선정된 자가 모든 소송을 이행하는 당사자로 이해하면 될 것이다. **'선정당사자'**를 지정하지 않고 모든 당사자가 함께 참가할 수도 있다.

라. 답변서 및 기타 서류제출

원고의 소장은 서면으로 배달되어 올 것이고 이 속에 전자소송안내서가 포함되어 있을 것이다. 그 안내서에는 가장 중요한 **'전자소송인증번호'**가 기재되어 있다.

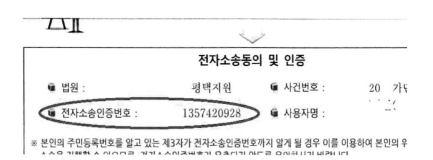

가장 먼저 이 전자소송등록번호를 가지고 대법원 전자소송 홈페이지 왼쪽 아래에 있는 '전자소송 사건등록'에 등록을 하여야 한다.

전자소송등록을 마친 다음부터는 제출하는 모든 서류는 이 전자소송방식으로 제출할 수 있다. 등록을 마친 경우에도 서류를 우편을 통하거나 직접 방문하여 법원에 제출한다고 해서 문제가 발생하는 것은 아니다.

등록 이후 서류나 증거 등을 제출할 때에는 우측 '진행 중인 사건' 메뉴를 선택하고, 그에 나타난 조회버튼을 누르면 이미 등록된 **<u>진행 중인 사건</u>**'이 표시된다. 해당하는 사건의 '이동'버튼을 눌러 팝업메뉴의 '소송서류제출'을 선택, 이후 나타나는 메뉴를 따라하면 큰 어려움은 없을 것이다.

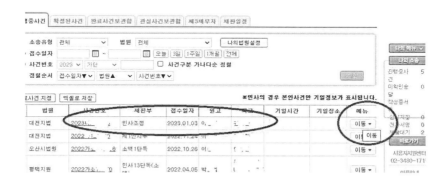

○ 키보드의 'Ctrl + F'를 누르시고 검색어를 입력하시면 아래 소송서류 검색이 가능합니다.

다만, 증거파일의 경우 첨부 가능한 파일 형식은

첫째, 일반문서인 HWP, DOC, DOCX, PDF, TXT, XLS, XLSX, BMP, JPG, JPEG, GIF, TIF, TIFF, PNG 파일의 경우, PDF파일로 자동변환되며 20MB까지 첨부가능하고

둘째, 멀티미디어자료인 AVI, WMV, MP4, MPG, MPEG, ASF, MP3, WMA, MOV, PPT, PPTX, M4A 파일의 경우, 100MB까지 첨부가능하다.

따라서 그보다 큰 파일은 여럿으로 잘라 서증번호의 가지번호를 부여하여 제출하여야 할 것이다.

이상 외의 여러 소소한 것은 **전자소송 홈페이지 왼쪽 아래에 있는 전자소송 안내를 참고**하기 바라며, 그것도 어려울 경우 법률구조공단의 도움을 받으면 될 것이다.

부 록
소액사건심판 및 이행권고

1. 소액사건심판 및 이행권고의 개념

1-1. 소액사건심판의 개념

'소액사건심판'이란 소송을 제기한 때의 소송물가액이 3,0
00만원을 초과하지 않는 금전 기타 대체물이나 유가증권의
일정한 수량의 지급을 목적으로 하는 제1심의 민사사건에
대해 일반 민사사건에서 보다 훨씬 신속하고 간편한 절차
에 따라 심판, 처리하는 제도를 말합니다.

1-2. 이행권고의 개념

'이행권고'란 소액사건이 제기되었을 때 특별한 사정이 없
으면 직권으로 원고가 낸 소장부본을 첨부하여 피고에게
원고의 청구취지대로 의무를 이행하라는 권고를 하는 결정
을 말합니다.

2. 소액사건의 범위

2-1. 소액사건의 범위

다음의 사건은 소액사건에서 제외합니다.
① 소송의 변경으로 소액사건에 해당하지 않게 된 사건
② 당사자참가, 중간확인소송 또는 반소의 제기 및 변론의
   병합으로 소액사건에 해당하지 않는 사건과 병합심리하
   게 된 사건

2-2. 일부 청구의 금지

① 채권자는 「소액사건심판법」의 적용을 받을 목적으로 금전 기타 대체물이나 유가증권의 일정한 수량을 분할해 그 일부만을 청구할 수 없습니다.

② 이를 위반한 신청은 판결로 각하(却下)됩니다.

3. 이행권고결정의 효력

3-1. 효력

이행권고결정은 다음 중 어느 하나에 해당하면 확정판결과 같은 효력을 가집니다.

① 피고가 이행권고결정서의 등본을 송달받은 날부터 2주일 내에 이의신청을 하지 않은 경우

② 이의신청에 대한 각하결정이 확정된 경우

③ 이의신청이 취하된 경우

3-2. 강제집행

① 이행권고결정이 확정되면 원고는 강제집행을 할 수 있습니다.

② 원고는 집행문을 부여받지 않고도 이행권고결정의 결정서 정본만을 가지고 강제집행을 할 수 있습니다. 다만, 다음 중 어느 하나에 해당하는 경우에는 그렇지 않습니다.

㉮ 이행권고결정의 집행에 조건을 붙인 경우

㉯ 당사자의 승계인을 위해 강제집행을 하는 경우

㉰ 당사자의 승계인에 대해 강제집행을 하는 경우

4. 신청 절차

4-1. 소액사건심판 신청 절차

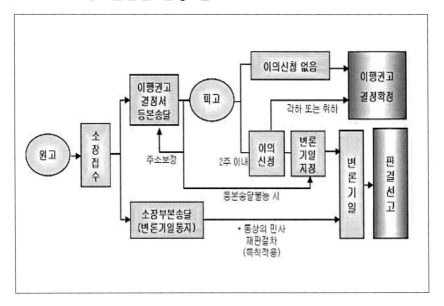

4-2. 소장 제출

① 소송은 법원에 소장을 제출함으로써 제기합니다.

② 소액사건심판의 경우에는 당사자 또는 당사자 쌍방이 법원에 출석해서 구술을 통해 소송을 제기할 수 있습니다.

③ 구술로 소송을 제기하는 경우에는 법원서기관·법원사무관·법원주사 또는 법원주사보(이하 '법원사무관등'이라 한다)의 면전에서 진술해야 합니다.

④ 신청인이 구술로 신청하면 법원사무관등이 제소 조서를 작성하고 기명날인 합니다.

⑤ 관할

소액사건심판에 대해서는 특별한 규정이 있는 경우를
제외하고 「민사소송법」의 규정을 적용하므로, 일반적인
소송과 같이 관할은 피고의 보통재판적이 있는 곳의 법
원이 합니다.

㉮ 피고의 주소지 또는 거소지

㉯ 대사(大使)·공사(公使), 그 밖에 외국의 재판권 행사
　 대상에서 제외되는 대한민국 국민이 주소지 또는 거
　 소지가 없는 경우 대법원이 있는 곳

㉰ 법인, 그 밖의 사단 또는 재단일 경우 사무소 또는
　 영업소 소재지(만약 사무소와 영업소가 없는 경우에
　 는 주된 업무담당자의 주소)

㉱ 국가가 피고일 경우에는 해당 건과 관련해 국가를
　 대표하는 관청 또는 대법원이 있는 곳

■ 소액심판제도란 어떤 제도인지요?

Q. 청구금액이 적은 민사사건에 대해서는 법원에 소액심판청구를 하면 간편하게 해결할 수 있다는 이야기를 들었습니다. 소액심판제도란 어떤 제도인지요?

A. 「소액사건심판법」은 일정한 금액 이하를 소송목적의 값으로 하는 사건에 관한 소송을 간편하게 할 수 있도록 하기 위하여 제정된 민사소송법에 대한 특별법의 하나로서, 이 법에 의하여 제기되는 절차를 소액사건심판절차라고 합니다(소액사건심판법 제1조). 소액사건은 소를 제기한 때의 소송목적의 값이 3,000만원을 초과하지 아니하는 금전 기타 대체물, 유가증권의 일정한 수량의 지급을 청구하는 제1심의민사사건을 대상으로 하며, 소액사건의 소는 구술(口述)에 의한 소의 제기나 임의출석에 의한 소의 제기 등 민사소송절차의 예외를 인정하여 그 심판절차를 간소화하고 있습니다(소액사건심판규칙 제1조의2, 소액사건심판법 제4조, 제5조). 구술로 소를 제기하려면 소송에 필요한 증거서류와 도장, 인지대, 송달료 등을 준비하고 상대방의 주소, 성명을 정확히 알아서 법원 소장접수 담당사무관 등에게 제출하고 면전에서 진술하면 법원사무관 등이 제소조서를 작성하는 방식으로 소를 제기할 수 있습니다(소액사건심판법 제4조, 소액사건심판규칙 제3조). 그리고 당사자가 직접 소장을 작성하여 제출하고자 하는 경우에는 관할지방법원, 지원 또는 시·군 법원 민원실에서 양식을 교부받아 소장작성요령에 따라 작성하여 제출하면 되는데, 소장부본은 원고와 피고의 수(數)에 1을 더한 숫자만큼 첨부하면 되고(소액사건심판규칙 제3조의2), 소액사건의 신속한 처리를 위하여 소장이 접수되면 즉시 변론기일을 지정하여 원고에게 소환장을 교부하고, 되도록 1회

의 변론기일로 심리를 마치도록 하고 있으며, 원고는 보통 최초의 변론기일에 모든 증거방법을 제출하게 되며 최초기일 전이라도 증거신청이 가능합니다(소액사건심판법 제7조). 증인은 판사가 신문하고, 상당하다고 인정한 때에는 증인 또는 감정인의 신문에 갈음하여 진술을 기재한 서면을 제출케 할 수 있습니다(소액사건심판법 제10조). 원고가 제출한 소장의 부본은 지체없이 피고에게 송달되는데(소액사건심판법 제6조), 피고는 원고의 주장에 대한 답변서를 제출할 수 있습니다. 또한, 소액사건심판절차에서는 일반 민사사건의 재판과는 달리 당사자의 배우자, 직계혈족, 형제자매는 법원의 허가 없이도 소송대리인이 될 수 있습니다. 이 경우 신분관계를 증명할 수 있는 가족관계증명서 또는 주민등록등본 등으로 신분관계를 증명하고 소송위임장으로 수권관계를 증명하여야 합니다(소액사건심판법 제8조). 법원은 소장·준비서면 기타 소송기록에 의하여 청구가 이유 없음이 명백한 때에는 변론 없이도 청구를 기각할 수 있으며, 또한 판결의 선고는 변론종결 후 즉시 할 수 있고 판결서에는 이유를 기재하지 아니할 수 있습니다(소액사건심판법 제9조 제1항, 제11조의2). 그런데 소액심판제도가 위에서 설명한 바와 같이 간편하므로 청구금액이 3,000만원을 초과하는 경우에 청구를 분할하여 여러 건의 소액심판청구를 할 수 있을 것인지에 관하여 「소액사건심판법」제5조의2는 "① 금전 기타 대체물이나 유가증권의 일정한 수량의 지급을 목적으로 하는 청구에 있어서 채권자는 소액사건심판법의 적용을 받을 목적으로 청구를 분할하여 그 일부만을 청구할 수 없다. ② 제1항의 규정에 위반한 소(訴)는 판결로 이를 각하 하여야 한다."라고 규정하여 일부청구를 제한하고 있습니다. 또한, 법원은 소액사건에 관하여 ①

독촉절차 또는 조정절차에서 소송절차로 이행된 때, ② 청구취지나 청구원인이 불명한 때, ③ 그밖에 이행권고를 하기에 적절하지 아니하다고 인정하는 때를 제외하고는 결정으로 소장부본이나 제소조서등본을 첨부하여 피고에게 청구취지대로 이행할 것을 권고할 수 있으며(소액사건심판법 제5조의3), 피고는 이행권고결정서의 등본을 송달 받은 날부터 2주일 내에 서면으로 이의신청을 할 수 있고, 피고의 이의신청이 있는 때에는 지체 없이 변론기일을 지정하여야 하지만(소액사건심판법 제5조의4), 피고가 위 기간 내에 이의신청을 하지 아니한 때, 이의신청에 대한 각하결정이 확정된 때, 이의신청이 취하된 때에는 위와 같은 이행권고결정이 확정판결과 같은 효력을 가집니다(소액사건심판법 제5조의7).

■ 2개월간 성실히 일했으나 사장이 급료를 주지 않고 있습니다.
어떻게 해야 하나요?

Q. 저는 방학동안 공장에서 아르바이트를 했습니다. 다른 곳보다 높
은 급료에 2개월간 성실히 일했으나 사장이 급료를 주지 않고
있습니다. 어떻게 해야 하나요?

A. 먼저 지방노동청에 신고를 하여 사업주와 합의를 하시기 바랍
니다. 만약 노동청에서 합의가 이루어지지 않거나 합의를 했다
하더라도 제대로 급료를 주지 않는다면 법원에 소액사건심판절
차를 신청할 수 있습니다. 소액사건심판절차는 소송을 제기한
때의 소송물가액이 3,000만원 이하인 민사사건을 신속하게 처
리하기 위한 제도입니다. 소액사건을 제기하면 법원은 특별한
사정이 없는 한 직권으로 원고가 낸 소장부본을 첨부해 피고에
게 원고의 청구취지대로 의무를 이행하라는 권고를 합니다. 피
고가 별도의 이의신청을 하지 않는다면 원고는 확정된 이행권
고 결정문을 가지고 강제집행을 하실 수 있습니다.

■ 대여금 1,800만원을 지급하라는 내용의 소를 제기하려고 하
   는 경우 어느 법원에 소를 제기하여야 하는지요?

Q. 저는 같은 군(郡)에 사는 채무자 甲을 상대로 대여금 1,800만
   원을 지급하라는 내용의 소를 제기하려고 합니다. 이 경우 어느
   법원에 소를 제기하여야 하는지요?

A. 법원조직법 제34조 제1항은 '소액사건심판법을 적용받는 민
   사사건'은 시·군법원이 관할하는 것으로 규정하고 있습니다.
   그리고 소액사건심판규칙 제1조의2 본문은 "소액사건은 제소
   한 때의 소송목적의 값이 3,000만원을 초과하지 아니하는 금
   전 기타 대체물이나 유가증권의 일정한 수량의 지급을 목적
   으로 하는 제1심의 민사사건으로 한다'고 규정하고 있으므
   로, 결국 소가가 3,000만원 이하인 금전의 지급을 청구하는
   소송인 경우 시·군법원이 이를 관할하게 된다 할 것입니다.따
   라서 귀하의 경우, 소가 1,800만원의 대여금 청구의 소는 귀
   하와 채무자의 주소지를 관할하는 시·군법원에 제기하여야
   합니다. 위 시·군법원 관할의 성격에 대하여 명문의 규정은
   없으나 법원조직법의 규정취지 등에 비추어 이는 전속관할의
   일종인 직무관할로 해석되며, 반대로 32,000만원을 초과하는
   대여금을 청구하는 경우라면 귀하와 채무자의 주소지를 관할
   하는 지방법원(지원)에 소를 제기하여야 할 것입니다.

■ **지금까지의 이자를 모두 더하면 청구금액이 3,000만원을 초과하는데, 소액심판청구가 가능할까요?**

Q. 저는 9년 전 지인 甲에게 2,500만원을 대여하였는데 현재까지 변제를 받지 못해서 법원에 소를 제기하려고 합니다. 지금까지의 이자를 모두 더하면 청구금액이 3,000만원을 초과하는데, 소액 심판청구가 가능할까요?

A. 법원조직법 제34조 제1항은 '소액사건심판법을 적용받는 민 사사건'은 시·군법원이 관할하는 것으로 규정하고 있습니다. 그리고 소액사건심판규칙 제1조의2 본문은 '소액사건은 제소 한 때의 소송목적의 값이 3,000만원을 초과하지 아니하는 금 전 기타 대체물이나 유가증권의 일정한 수량의 지급을 목적 으로 하는 제1심의 민사사건으로 한다'고 규정하고 있습니 다. 한편, 민사소송 등 인지규칙 제12조 제2호는 '금전지급 청구의 소에 있어서는 청구금액'이 소가가 되며, 민사소송법 제27조 제2항은 '과실(果實)·손해배상·위약금(違約金) 또는 비 용의 청구가 소송의 부대목적(附帶目的)이 되는 경우에는 그 값은 소송목적의 값에 넣지 아니한다'고 규정하고 있으므로, 원칙적으로 대여금에 대한 이자, 지연손해금은 소가에 산입 되지 않는다 할 것입니다. 따라서 귀하의 경우 설령 원금에 대한 이자, 지연손해금을 포함하면 청구금액이 3,000만원을 초과한다 하더라도 지급을 구하는 청구금액 원금이 2,500만 원인 이상, 소액사건심판절차법에 의한 심판이 가능하다 할 것입니다.

■ 소액사건으로 소 제기를 하려고 하는데, 소장을 작성하는 것이 너무 어렵습니다. 말로 소를 제기할 수는 없나요?

Q. 소액사건으로 소 제기를 하려고 하는데, 소장을 작성하는 것이 너무 어렵습니다. 말로 소를 제기할 수는 없나요?

A. 소액사건의 소 제기는 말로써 법원서기관·법원사무관·법원주사 또는 법원주사보 면전에서 진술하는 방법으로 할 수 있습니다 (소액사건심판법 제4조). 말로써 소를 제기하는 경우 법원서기관·법원사무관·법원주사 또는 법원주사보는 제소조서를 작성하고 이에 기명날인 합니다. 말로써 소를 제기하는 경우 법원서기관·법원사무관·법원주사 또는 법원주사보는 제소조서의 말미에 다음의 사항을 첨가할 수 있습니다(소액사건심판규칙 제3조 제1항) ① 당사자의 성명·명칭 또는 상호와 주소, ② 대리인의 성명과 주소, ③ 사건의 표시, ④ 공격 또는 방어의 방법, ⑤ 상대방의 청구, 공격방법 또는 방어방법에 대한 진술, ⑥ 첨부서류의 표시, ⑦ 작성한 날짜, ⑧ 법원의 표시

■ 소액사건심판법 적용을 받기 위하여 분할청구가 가능한지요?

Q. 저는 친구 甲으로부터 6개월 뒤에 변제할테니 3,500만원을 빌려달라는 부탁을 받고 3,500만원을 빌려주었습니다. 그러나 甲은 6개월이 지났음에도 3,500만원을 변제하지 아니하고 차일피일 미루더니 현재는 저의 연락을 받지 않고 있습니다. 저는 甲으로부터 3,500만원을 받기 위한 방법을 알아보던 중 청구금액이 3,000만원 이하인 민사사건에 대해서는 법원에 소액심판청구를 하면 간편하게 해결할 수 있다는 이야기를 들었습니다. 저는 직장에 다니는 관계로 법원에 자주 출석하기 곤란한 사정이 있어 소액심판청구를 하여 간편하게 해결하고 싶습니다. 그래서 저는 甲에 대한 채권 3,500만원을 2,000만원과 1,500만원으로 분할하여 2건의 소액심판청구를 하고 싶은데 가능한지요?

A. 「소액사건심판법」은 일정한 금액 이하를 소송목적의 값으로 하는 사건에 관한 소송을 간편하게 할 수 있도록 하기 위하여 제정된 민사소송법에 대한 특별법의 하나로서, 이 법에 의하여 제기되는 절차를 소액사건심판절차라고 합니다(소액사건심판법 제1조). 소액사건은 소를 제기한 때의 소송목적의 값이 3,000만원을 초과하지 아니하는 금전 기타 대체물, 유가증권의 일정한 수량의 지급을 청구하는 제1심의민사사건을 대상으로 하며, 소액사건의 소는 구술(口述)에 의한 소의 제기나 임의출석에 의한 소의 제기 등 민사소송절차의 예외를 인정하여 그 심판절차를 간소화하고 있습니다(소액사건심판규칙 제1조의2, 소액사건심판법 제4조, 제5조). 그런데 소액심판제도가 그 심판절차가 간편하므로 청구금액이 3,000만원을 초과하는 경우에 청구를 분할하여 여러 건의 소액심판청구를

할 수 있을 것인지에 관하여 「소액사건심판법」제5조의2는 "① 금전 기타 대체물이나 유가증권의 일정한 수량의 지급을 목적으로 하는 청구에 있어서 채권자는 소액사건심판법의 적용을 받을 목적으로 청구를 분할하여 그 일부만을 청구할 수 없다. ② 제1항의 규정에 위반한 소(訴)는 판결로 이를 각하하여야 한다."라고 규정하여 일부청구를 제한하고 있습니다. 귀하가 소액사건심판법을 적용받기 위하여 甲에 대한 채권 3,500만원을 분할하여 2,000만원과 1,500만원으로 분할하여 2건의 소액심판청구를 할 경우 「소액사건심판법」제5조의2 제2항에 따라서 위 청구는 각하될 것입니다. 따라서 비록 소액사건심판법을 적용을 받지 못하더라도 3,500만원 전액을 청구하는 소송을 제기하셔야 할 것입니다.

4-3. 송달

① 소장부본이나 제소조서등본은 지체 없이 피고에게 송달해야 합니다.

② 다만, 피고에게 이행권고결정서의 등본이 송달된 경우에는 소장부본이나 제소조서등본이 송달된 것으로 봅니다.

4-4. 이행권고결정

4-4-1. 피고에게 이행권고

① 법원은 소액사건심판이 제기되면 결정으로 소장부본이나 제소조서 등본을 첨부해 피고에게 청구취지대로 이행할 것을 권고할 수 있습니다.

② 다만, 다음 중 어느 하나에 해당하는 경우에는 그렇지 않습니다.

    ㉮ 독촉절차 또는 조정절차에서 소송절차로 이행된 경우

    ㉯ 청구취지나 청구원인이 불명한 경우

    ㉰ 그 밖에 이행권고를 하기에 적절하지 않다고 인정하는 경우

■ 이행권고결정제도란 어떠한 것이며, 지급명령제도와는 어떠한 차이가 있는지요?

Q. 소액심판사건에 대하여 이행권고결정제도가 있어 더욱 간편한 절차에 의하여 판결을 받은 것과 유사한 효과를 얻을 수 있다고 하는데, 이행권고결정제도란 어떠한 것이며, 지급명령제도와는 어떠한 차이가 있는지요?

A. 이행권고결정제도란 소액사건의 소가 제기된 때에 법원이 결정으로 소장부본이나 제소조서등본을 첨부하여 피고에게 청구취지대로 이행할 것을 권고하고 이를 송달받은 피고가 2주 이내 이의신청 등을 하지 않는 경우 그 이행권고결정에 확정판결과 같은 효력을 부여하는 간이한 소송절차를 말합니다(소액사건심판법 제5조의3 제1항, 같은 법 제5조의7). 즉, 이행권고결정제도는 소액심판사건의 범위 내 즉, 소송목적의 값이 3,000만원을 초과하지 아니하는 금전 기타 대체물, 유가증권의 일정한 수량의 지급을 청구하는 민사 제1심 사건에 한하여 인정되는 제도입니다. 이행권고결정은 원고전부승소판결을 할 수 있는 사건에 한하여 할 수 있으며, ① 독촉절차 또는 조정절차에서 소송절차로 이행된 때, ② 청구취지나 청구원인이 불명한 때, ③ 그밖에 이행권고를 하기에 적절하지 아니하다고 인정하는 때에는 이행권고결정을 할 수 없습니다(소액사건심판법 제5조의3 제1항). 이행권고결정에는 당사자, 법정대리인, 청구의 취지와 원인, 이행조항을 기재하고, 피고가 이의신청을 할 수 있음과 이행권고결정의 효력의 취지를 부기(附記)하게 됩니다(소액사건심판법 제5조의3 제2항). 이행권고결정등본은 민사소송법상의 우편송달(민사소송법 제187

조), 공시송달(민사소송법 제194조 내지 제196조)의 방법으로
는 송달할 수 없으며, 피고가 현재 소재불명이어서 공시송달
로 진행하여야 할 필요가 있다는 것이 소장에 기재되고 이에
대한 소명자료가 있는 경우에는 곧바로 변론기일이 지정되게
됩니다(소액사건심판법 제5조의3 제3항, 제4항). 한편, 원고
가 피고에 대한 주소보정명령을 받은 경우에 민사소송법상의
우편송달(민사소송법 제187조), 공시송달(민사소송법 제194조
내지 제196조)의 방법에 의하지 아니하고는 송달할 방법이
없음을 소명하여 변론기일지정신청을 할 수 있습니다(소액사
건심판규칙 제3조의3 제1항). 피고는 이행권고결정등본을 송
달 받은 날부터 2주일의 불변기간 안에 서면으로 이의신청을
할 수 있으며, 그 등본이 송달되기 전에도 이의신청을 할 수
있습니다(소액사건심판법 제5조의4 제1항, 제2항). 다만, 피
고가 부득이한 사유로 2주일 안에 이의신청을 할 수 없었던
때에는 그 사유가 없어진 후 2주일 안에 이의신청을 할 수
있고, 다만 그 사유가 없어질 당시 외국에 있는 피고에 대하
여는 이 기간을 30일로 합니다(소액사건심판법 제5조의6 제1
항). 이의신청은 서면으로 하여야 하고, 이의신청서는 답변서
또는 준비서면으로 갈음되지 않으나 구체적 이의사유를 기재
하지 않더라도 원고의 주장사실을 다툰 것으로 되고, 피고의
이의신청이 있으면 법원은 지체 없이 변론기일을 지정하게
됩니다(소액사건심판법 제5조의4 제1항, 제3항, 제5항). 이의
신청기간 내에 이의신청서가 아니라 답변서 기타 다투는 취
지의 서면이 접수되면 이것을 이의신청서로 보아 변론기일을
지정하게 됩니다. 이의신청을 한 피고는 제1심 판결이 선고
되기 전까지 이의신청을 취하할 수 있으며(소액사건심판법 제

5조의4 제4항), 법원은 이의신청이 적법하지 아니하다고 인정되는 때에는 그 흠을 보정할 수 없으면 결정으로 각하 하여야 하고(소액사건심판법 제5조의5 제1항), 이의신청의 각하결정에 대하여는 즉시항고를 할 수 있습니다(소액사건심판법 제5조의5 제2항)

이행권고결정은 ① 피고가 이행권고결정을 송달 받은 날부터 2주일 안에 이의신청을 하지 아니한 때, ② 이의신청에 대한 각하결정이 확정된 때, ③ 이의신청이 취하된 때에는 확정판결과 같은 효력이 있습니다(소액사건심판법 제5조의7 제1항). 그러나 이행권고결정은 변론을 거치지 않고 확정판결과 같은 효력을 부여하므로 변론종결일의 개념이 없고, 피고는 이행권고결정이 확정된 이후에 발생한 사유 이외에, 이의원인이 이행권고결정이 확정되기 이전에 있었다고 하더라도 청구이의의 사유로 삼아 청구이의의 소를 제기할 수 있습니다(소액사건심판법 제5조의8 제3항). 그리고 이행권고결정은 제1심 법원에서 판결이 선고된 때에는 효력을 잃게 됩니다(소액사건심판법 제5조의7 제3항). 이행권고결정에 기한 강제집행은 집행문을 부여받을 필요 없이 이행권고결정서정본에 의하여 행하게 됩니다. 그러나 ① 이행권고결정의 집행에 조건을 붙인 경우, ② 당사자의 승계인을 위하여 강제집행을 하는 경우, ③ 당사자의 승계인에 대하여 강제집행을 하는 경우에는 집행문을 부여받아야 합니다(소액사건심판법 제5조의8 제1항). 원고가 여러 통의 이행권고결정서의 정본을 신청하거나, 전에 내어준 이행권고결정서 정본을 돌려주지 아니하고 다시 이행권고결정서 정본을 신청한 때에는 법원사무관 등이 이를 부여하게 되고, 그 사유를 원본과 정본에 적어야 하는데(소액사건심판법 제5조의8 제2항), 이 경우 재판장의 허가를 받을 필요가 없으며, 집행문도 받을 필요가 없습니다. 이행권고결정제도와 지급명령의 차이를 보면, 이행권고결정제도는 소액심판사건의 범위 내 즉, 소송물가액이 3,000만원을 초과하지 아니하는 금전 기타 대체물, 유가증권의 일정한 수량의 지급을 청구하는 민사 제1심 사건에 한하여 인정되는 제도인데, 지급명령제도는 금전 기타 대체물, 유가증권의 일정한 수량의 지급을 목적으로 하는 청구에 대하여 인정되지만, 청구금액에 제한이 없다는 점에서 이행권고결정과 차이가 있습니다.

4-4-2. 송달

법원사무관등은 이행권고결정서의 등본을 피고에게 송달해야 합니다. 다만, 피고에게 송달할 수 없는 경우에 하는 등기우편송달이나 송달함 송달, 발송한 때에 송달한 것으로 보는 등의 송달은 인정되지 않습니다.

4-4-3. 이의신청

피고는 이행권고결정서의 등본을 송달받은 날부터 2주일 내에 서면으로 이의신청을 할 수 있습니다. 다만, 그 등본이 송달되기 전에도 이의신청을 할 수 있습니다.

이행권고결정에 대한 이의신청서

사　　　건　20○○가소○○○○ 대여금

원　　　고　○○○

피　　　고　◇◇◇

　위 사건에 관하여 피고는 20○○.○.○. 이행권고결정을 송달 받았으나 다음과 같은 이유로 이의신청을 합니다.

이 의 사 유

1.
2.

20○○.○○.○○.

위 피고 ◇◇◇(서명 또는 날인)

○○지방법원　귀중

4-5. 변론기일의 지정

① 이행권고가 송달 불능인 경우

법원은 피고에게 이행권고결정서의 등본을 송달할 수 없는 경우에는 지체 없이 변론기일을 지정해야 합니다.

② 이행권고결정에 대한 이의신청이 있는 경우

법원은 피고가 이행권고결정에 대해 이의신청을 하면 지체 없이 변론기일을 지정해야 합니다.

③ 판사가 지정한 경우

소액사건심판이 제기되면 판사는 바로 변론기일을 정할 수 있습니다.

4-6. 변론기일

① 판사는 되도록 1회의 변론기일로 심리를 마치도록 해야 합니다.

② 판사는 1회로 심리를 마치기 위해 변론기일 전이라도 당사자에게 증거신청을 하도록 하는 등 필요한 조치를 할 수 있습니다.

4-7. 판결 선고

① 판결 선고는 변론종결 후 즉시 할 수 있습니다.

② 판결 선고는 주문을 낭독하고 주문이 정당함을 인정할 수 있는 범위 안에서 그 이유의 요지를 구술로 설명합니다.

5. 신청서 작성

5-1. 소액사건심판 신청서 양식

접수인

소 장

사건번호	
배당순위번호	
담 당	제 단독

사 건 명

원   고   (이름)   (주민등록번호   -   )
           (주소)   (연락처)

1. 피 고   (이름)   (주민등록번호   -   )
           (주소)   (연락처)
2. 피 고   (이름)   (주민등록번호   -   )
           (주소)   (연락처)

소송목적의 값	원	인지	원
(인지첩부란)			

○○ **지방법원 귀중**

◇ 유의사항 ◇

1. 연락처란에는 언제든지 연락 가능한 전화번호나 휴대전화번호, 그 밖에 팩스번호 · 이메일 주소 등이 있으면 함께 기재하여 주시기 바랍니다. 피고의 연락처는 확인이 가능한 경우에 기재하면 됩니다.
2. 첨부할 인지가 많은 경우에는 뒷면을 활용하시기 바랍니다.

[서식 예] 제4호 양식

청 구 취 지

1. 청구금액: (원 금) 금_____원

(가산금) 기 간_____부터 소장부본 송달일까지

비 율 연_____%

기 간 소장부본 송달 다음 날부터 갚는 날까지

비 율 연_____%

청 구 원 인

1. 노무제공의 내역

(1)노무의종류 _____

(2) 노무제공기간 : _____부터_____까지

(3) 노임액 : _____원

(4) 기타 약정 : _____

2. 기타 보충할 내용

20 . . .

원고   (인)

[서식 예] 제11호 양식(증거방법과 부속서류 기재)

증 거 방 법

부 속 서 류

5-2. 신청비용

금전의 지급을 청구하는 소액사건심판 신청의 경우 소송목적의 값(이하 "소가"라 함)은 청구금액(이자, 손해배상, 위약금 또는 비용의 청구가 소송의 부대 목적이 되는 때에는 가액에 산입하지 않음)이 됩니다.

◩ 저자 이종섭 ◩

□ 한국경제신문사 관재담당
□ 엔타워관리단 대표
□ 도로교통사고감정사
□ 월간 문학세계 시, 수필 등단

□ 충남 태안 창작시설 '문학의 쉼터' 운영
□ 페이스북 '문학의 쉼터'운영

저서
□ 이종섭 문집 〈돌의 흔적〉
□ 장편소설 〈헌법 제10조〉
□ 장편소설 〈돌아갈 수 없는 꿈〉

나는 이렇게 88% 승소했다.

나홀로 소송,
당신도 승소할 수 있다.

2025년 1월 10일 4판 인쇄
2025년 1월 15일 4판 발행

저 자 이종섭
발행인 김현호
발행처 법률미디어 | 공급처 법문북스

주소 서울 구로구 경인로 54길4(구로동 636-62)
전화 02)2636-2911~2, | 팩스 02)2636-3012
홈페이지 www.lawb.co.kr

등록일자 1979년 8월 27일
등록번호 제5-22호

ISBN 979-11-92369-71-6(03360)

정가 20,000원

이 도서의 국립중앙도서관 출판예정도서목록(CIP)은 서지정보유통지원시스템 홈페이지(http://seoji.nl.go.kr)와 국가자료종합목록 구축시스템(http://kolis-net.nl.go.kr)에서 이용하실 수 있습니다. (CIP제어번호 : CIP2020014223)